AKAD University Edition

Reihe herausgegeben von

Daniel Markgraf, AKAD University, Stuttgart, Baden-Württemberg, Deutschland

Seit über 55 Jahren bietet die AKAD University Berufstätigen ein flexibles, individuelles und effizientes Fernstudium neben dem Beruf. Dabei verbindet sie in vielen Studienrichtungen und Studiengängen Wissenschaft, Praxisbezug und Digitalisierung. Anwendungsorientierte Forschung und neue Praxisherausforderungen bilden die Leitlinien der **AKAD University Edition** : In der Buchreihe werden aktuelle Forschungsfragen mit Blick auf Anwendungsorientierung aufgegriffen und erörtert.

Annette Miller · Marianne Blumentritt ·
Wolfgang Bohlen · Thomas Metzner ·
Robert Rossberger · Doreen Schwinger

Künstliche Intelligenz in betrieblichen Funktionen

Ein Praxisleitfaden für innovatives Management

Annette Miller
AKAD Hochschule Stuttgart
Stuttgart, Deutschland

Marianne Blumentritt
AKAD Hochschule Stuttgart
Stuttgart, Deutschland

Wolfgang Bohlen
AKAD Hochschule Stuttgart
Stuttgart, Deutschland

Thomas Metzner
AKAD Hochschule Stuttgart
Stuttgart, Deutschland

Robert Rossberger
AKAD Hochschule Stuttgart
Stuttgart, Deutschland

Doreen Schwinger
AKAD Hochschule Stuttgart
Stuttgart, Deutschland

ISSN 2945-9699　　　　　　　ISSN 2945-9702　(electronic)
AKAD University Edition
ISBN 978-3-658-48381-4　　　ISBN 978-3-658-48382-1　(eBook)
https://doi.org/10.1007/978-3-658-48382-1

Die Deutsche Nationalbibliothek verzeichnet diese Publikation in der Deutschen Nationalbibliografie; detaillierte bibliografische Daten sind im Internet über https://portal.dnb.de abrufbar.

© Der/die Herausgeber bzw. der/die Autor(en), exklusiv lizenziert an Springer Fachmedien Wiesbaden GmbH, ein Teil von Springer Nature 2025

Das Werk einschließlich aller seiner Teile ist urheberrechtlich geschützt. Jede Verwertung, die nicht ausdrücklich vom Urheberrechtsgesetz zugelassen ist, bedarf der vorherigen Zustimmung des Verlags. Das gilt insbesondere für Vervielfältigungen, Bearbeitungen, Übersetzungen, Mikroverfilmungen und die Einspeicherung und Verarbeitung in elektronischen Systemen.
Die Wiedergabe von allgemein beschreibenden Bezeichnungen, Marken, Unternehmensnamen etc. in diesem Werk bedeutet nicht, dass diese frei durch jede Person benutzt werden dürfen. Die Berechtigung zur Benutzung unterliegt, auch ohne gesonderten Hinweis hierzu, den Regeln des Markenrechts. Die Rechte des/der jeweiligen Zeicheninhaber*in sind zu beachten.
Der Verlag, die Autor*innen und die Herausgeber*innen gehen davon aus, dass die Angaben und Informationen in diesem Werk zum Zeitpunkt der Veröffentlichung vollständig und korrekt sind. Weder der Verlag noch die Autor*innen oder die Herausgeber*innen übernehmen, ausdrücklich oder implizit, Gewähr für den Inhalt des Werkes, etwaige Fehler oder Äußerungen. Der Verlag bleibt im Hinblick auf geografische Zuordnungen und Gebietsbezeichnungen in veröffentlichten Karten und Institutionsadressen neutral.

Springer ist ein Imprint der eingetragenen Gesellschaft Springer Fachmedien Wiesbaden GmbH und ist ein Teil von Springer Nature.
Die Anschrift der Gesellschaft ist: Abraham-Lincoln-Str. 46, 65189 Wiesbaden, Germany

Wenn Sie dieses Produkt entsorgen, geben Sie das Papier bitte zum Recycling.

Interessenkonflikt Die Autor*innen haben keine für den Inhalt dieses Manuskripts relevanten Interessenkonflikte.

Inhaltsverzeichnis

1	**Einführung**	1
2	**Grundlagen zu KI**	5
2.1	Definition von Künstlicher Intelligenz	5
2.2	Einsatzmöglichkeiten und Fähigkeiten von KI	10
2.3	Basismodelle, LLMs und Generative KI	11
2.4	Allzweck-KIs versus spezialisierte KI-Systeme	17
2.5	Unterscheidungsmerkmale von KI-Systemen	20
3	**KI in betrieblichen Funktionen**	23
3.1	KI im Personalmanagement	24
3.2	KI im Marketing	29
3.3	KI in der Logistik	39
3.4	KI im Rechnungswesen und Controlling	47
3.5	KI im strategischen Management	52
4	**Handlungsempfehlungen zur Einführung einer KI-Strategie**	63
4.1	Status-quo-Analyse	65
4.2	Auswahl von Anwendungsfällen	72
4.3	Management von KI	75
5	**Fazit: Die Zukunft der Unternehmen mit KI gestalten**	77
	Glossar	79
	Literatur	83
	Stichwortverzeichnis	91

Über die Autoren

Annette Miller ist seit 2024 an der AKAD Hochschule Stuttgart – staatlich anerkannt, Professorin für ABWL mit Schwerpunkt auf Künstliche Intelligenz und neue Geschäftsmodelle. Sie studierte BWL an den Universitäten Tübingen und Würzburg, wo sie auch ihren Doktortitel erlangt hat. Durch verschiedene Tätigkeiten u. a. als Geschäftsführerin des Hessischen Zentrums für KI – hessian.AI, Leiterin des Referats Forschungstransfers bzw. Koordinatorin des Innovations- und Gründungszentrums HIGHEST der TU Darmstadt sowie als Unternehmensberaterin und Mitgründerin eines Tech-Startups verfügt sie über langjährige Management- und Führungsverantwortung, aber auch umfassende Kenntnisse im gesamten Spektrum von Wissenschafts-, Technologie- und Innovationsmanagement.

Marianne Blumentritt ist Professorin für Allgemeine Betriebswirtschaftslehre, Unternehmensführung und International Management an der AKAD Hochschule Stuttgart – staatlich anerkannt. Sie ist Studienleiterin für den Bereich Marketing und Vertrieb. Nach Studium und Promotion an der Universität zu Köln übernahm sie die Geschäftsleitung eines mittelständischen Unternehmens. Sie verfügt über eine langjährige Lehrerfahrung in den Bereichen marktorientierte Unternehmensführung, internationales Management und Marketing. Neben ihrer Lehrtätigkeit berät sie Unternehmen in den Themen Unternehmensführung, Marketing, Internationalisierung und Weiterbildung.

Wolfgang Bohlen ist an der AKAD Hochschule Stuttgart – staatlich anerkannt, Professor für Personalwirtschaftslehre und Organisation. Darüber hinaus ist er Studienleiter für den Bereich Personalmanagement. Nach dem Studium der Betriebswirtschaftslehre, einem MBA im Bereich Bildungsmanagement und einer Promotion arbeitete er zunächst viele Jahre als Personalreferent. Anschließend war er über 10 Jahre als selbständiger Personal- und Organisationsentwickler tätig. Seit 2010 ist er Professor an der AKAD. Er ist Autor verschiedener Beiträge u. a. zu den Themenbereichen New Work, Lebenslanges Lernen, betriebliches Gesundheitsmanagement sowie Digital Leadership und Digitalisierung im Personalmanagement.

Thomas Metzner wechselte 2024 als Professor für allgemeine BWL an die AKAD Hochschule Stuttgart – staatlich anerkannt. Nach abgeschlossener Ausbildung folgte das Studium zum Diplom-Volkswirt und Diplom-Kaufmann u. a. an den Universitäten Mannheim und Heidelberg. 2001 erfolgte die Promotion an der Wirtschaftsuniversität Wien. Nach über 10 Jahren in verschiedenen Fach- und Führungspositionen der Versicherungs- und Kreditwirtschaft erfolgte 2017 der Wechsel in die Lehre. Als Fachleitung Financial Services und stellvertretende Studiengangsleitung verantwortete er alle Vertiefungen der betriebswirtschlichen Studiengänge und ist aktuell im Hause AKAD Studiendekan der School Business Administration and Management. Er ist Autor diverser Artikel zu betriebswirtschaftlichen Standardthemen, wie auch zur Behavioral Finance im Speziellen.

Robert Rossberger ist Professor für Unternehmensführung und Internationales Management an der AKAD Hochschule Stuttgart. Er verfügt über Ausbildungen im künstlerischen und technischen Bereich, ein Studium der Gemmologie, einen Bachelor in Internationalem Management, einen Double-Degree-Master in Strategischem und Internationalem Management sowie ein Doktorat in Sozial- und Wirtschaftswissenschaften. Seine beruflichen Stationen umfassten den internationalen Wareneinkauf, die Gründung eines gemmologischen Labors und eines der ersten deutschen E-Commerce-Startups in der Schmuckbranche. Vor seiner Berufung an die AKAD leitete er das Graduiertenkolleg der Technischen Hochschule Deggendorf. Seit 2016 ist er Professor an der AKAD. Seine Lehr- und Forschungsschwerpunkte liegen in den Bereichen Strategisches und Internationales Management, Innovations- und Interkulturelles Management, Führung sowie Digitale Transformation.

Doreen Schwinger ist seit 2011 als Professorin für BWL mit Schwerpunkt Unternehmensführung und Logistik an der AKAD Hochschule Stuttgart – staatlich anerkannt tätig. Im Bereich Logistik und Supply Chain Management hat sie die entsprechende Studienleitung inne. Nach dem Studium zur Diplom-Kauffrau (FH) promovierte sie nebenberuflich an der Otto-von-Guericke- Universität in Magdeburg und übernahm anschließend die Geschäftsführung in einem mittelständischen Familienunternehmen. Gemeinsam mit Marianne Blumentritt forscht sie zu Auswirkungen, Herausforderungen und Vorteilen der Digitalisierung auf die Bildung im Hochschulbereich, insbesondere bezüglich der Implikationen auf die verschiedenen Rollen in diesem Bereich.

Abkürzungsverzeichnis

AI	Artificial Intelligence (Künstliche Intelligenz)
AGI	Artificial General Intelligence
BMWK	Bundesministerium für Wirtschaft und Klimaschutz
DL	Deep Learning
DSGVO	Datenschutz-Grundverordnung
KI	Künstliche Intelligenz
LLM	Large Language Model
ML	Machine Learning
NLP	Natural Language Processing
RAG	Retrieval-Augmented Generation

Einführung 1

Das Thema Künstliche Intelligenz (KI) hat in den letzten Monaten einen Hype erlebt, der sich auch in der Anzahl an Berichten in den Medien widerspiegelt. Nahezu täglich lesen oder hören wir über neue Einsatzmöglichkeiten von KI, den wirtschaftlichen Potenzialen oder auch Risiken, welche die neue Technologie mit sich bringt. Wie relevant und aktuell das Thema ist, zeigt auch die Vergabe der Nobelpreise 2024: Nicht nur in der Kategorie Physik gehen die Preise an die KI-Pioniere John Hopfield und Geoffrey Hinton, welche die Grundlage für künstliche neuronale Netze und maschinelles Lernen gelegt haben (The Nobel Prize, 2024b). Auch in der Kategorie Chemie gehen zwei von drei Auszeichnungen an KI-Forscher. Mit John M. Jumper und Demis Hasabis erhalten Forscher von Google Deepmind die Auszeichnung für ihre Forschung zur Vorhersage komplexer Strukturen von Proteinen durch KI (The Nobel Prize, 2024a).

Trotz der medialen Präsenz und der Tatsache, dass inzwischen sehr viele Personen Erfahrungen mit ChatGPT und Co gemacht haben, wird die neue Technologie zwar vermehrt, aber noch immer vergleichsweise zögerlich in Unternehmen eingesetzt: Gemäß einer Untersuchung des Digitalverbands Bitkom haben Anfang des Jahres 2024 lediglich 3 % der befragten Unternehmen generative KI zentral im Unternehmen eingesetzt (Bitkom, 2024). Im Vorjahr hatten 52 % der befragten Unternehmen den Einsatz von KI nicht einmal in Erwähnung gezogen (Bitkom, 2023). Hingegen offenbart eine Befragung des ifo-Instituts, dass inzwischen 27 % der befragten Unternehmen KI nutzen; immerhin doppelt so viele, wie im Vorjahr. (ifo, 2024)

Die Zurückhaltung der Unternehmen ist verwunderlich, nicht nur, weil die neue Technologie einen Beitrag zur Wettbewerbsfähigkeit leisten kann, sondern auch, weil sie bei den Mitarbeitern auch angekommen ist: So nutzen mehr als

© Der/die Autor(en), exklusiv lizenziert an Springer Fachmedien Wiesbaden GmbH, ein Teil von Springer Nature 2025
A. Miller et al., *Künstliche Intelligenz in betrieblichen Funktionen*, AKAD University Edition, https://doi.org/10.1007/978-3-658-48382-1_1

70 % der Beschäftigten KI-Tools in der täglichen Arbeit, auch ohne dass diese von ihren Firmen bereitgestellt werden (Scheuer, 2024).

Auch wenn eine fundierte Aussage über die Gründe kaum getroffen werden kann. Es ist davon auszugehen, dass auch die technologische Dynamik, schnelle Innovationszyklen und ein mangelndes Grundverständnis ursächlich für die Zurückhaltung der Unternehmen sind. Zumindest gibt es Indizien, dass sich Führungskräfte angesichts der vielfältigen Informationen überfordert fühlen, u. a. weil ein Überblick fehlt, wie KI einen Mehrwert liefern oder wie die Einführung gelingen kann (Scheuer, 2024; Liebermeister, 2024).

Dieses Buch zielt darauf ab, die bisher zögerliche Verbreitung von KI in der Wirtschaft anzukurbeln und zu einem strategischen Einsatz zu motivieren, indem die innovativen Potenziale von KI auch für kleinere und mittlere Unternehmen in bestehenden Prozessen der betrieblichen Funktionen aufgezeigt werden und sichtbar gemacht wird, wie Unternehmen bei der Einführung vorgehen können. Zur Zielerreichung werden nicht nur die theoretischen Mehrwerte aufgezeigt, sondern auch Fallbeispiele und konkrete Tools dargestellt. Auch wenn die Beispiele nicht immer sämtliche realen Anforderungen abdecken, helfen sie dabei, das breite Spektrum an Möglichkeiten sichtbar zu machen und die Chancen von KI greifbar darzustellen.

Damit diese Ziele erreicht werden können, müssen Führungskräfte nicht KI-Experten werden. Als Einstieg und um erste Erfahrungen zu sammeln, reicht das Verständnis, was KI ist, was die Fähigkeiten und Funktionsweisen, mögliche Anwendungsbereiche, aber auch die Risiken sind. Entsprechend gibt Kap. 2 einen Einblick in die Grundlagen von KI.

Im besonderen Blick dieses Buches stehen die Möglichkeiten von KI in den betrieblichen Funktionen Personal, Rechnungswesen und Controlling, Logistik sowie Absatz und strategisches Management. Kap. 3 gibt einen Überblick über die Einsatzpotenziale, auch anhand konkreter Tools und Use Cases. Der Anspruch besteht bewusst nicht darin, alle Aspekte und Vorteile abzudecken, sondern einen Überblick über die grundlegenden Möglichkeiten zu geben.

Trotz der immensen Potenziale ist der Einsatz von KI kein Selbstläufer. Er bringt Risiken mit sich, weshalb nicht nur wichtige Erfolgsfaktoren und Herausforderungen dargestellt werden, sondern auch knapp aufgezeigt wird, wie Führungskräfte den Einsatz von KI strategisch vorbereiten können und damit dazu beitragen, dass Potenziale bestmöglich genutzt und Risiken begrenzt werden.

Diese Einleitung schließt mit zwei Anmerkungen:

Viele Quellen dieses Buchs stammen aus Whitepapern oder Positionspapieren politischer Institutionen. Dies ist der Tatsachen geschuldet, dass die Politik – auch unter Hinzuziehung renommierter Wissenschaftler – zu diesem Thema einen

1 Einführung

wichtigen Stellenwert einnimmt. Sie treibt anwendungsnahe Veröffentlichungen voran, um das Thema breiter in der Wirtschaft und Gesellschaft zu verankern, dabei aber auch Auswirkungen auf die Gesellschaft im Blick zu behalten. Das Buch greift zudem auf Produktinformationen von Unternehmen und Presseartikel zurück, um dem Umstand Rechnung zu tragen, dass der technologische Fortschritt im Bereich der KI maßgeblich von der Wirtschaft vorangetrieben wird und einer hohen technologischen Dynamik unterliegt. Die Kombination aus politischer und wirtschaftlicher Perspektive ermöglicht eine ganzheitliche Betrachtung des aktuellen Entwicklungsstands und der Anwendungsmöglichkeiten von KI-Technologien.

An dieser Stelle soll darauf hingewiesen werden, dass ein Buch über den Einsatz von KI auch unter Nutzung von KI erstellt wurde. Dies gilt vor allem für die Strukturierung der Kapitel, aber auch für die sprachliche Überarbeitung des Textes. Hierbei sind die Tools Perplexity.AI, ChatGPT und DeepL Write zur Anwendung gekommen.

Grundlagen zu KI 2

▶ Obgleich der Begriff KI kaum noch aus unserem Sprachgebrauch wegzudenken ist, besteht weiterhin nur ein begrenztes Verständnis darüber, was KI ist bzw. kann, was die Einsatzmöglichkeiten und Fähigkeiten von KI sind und was die Unterscheidungsmerkmale von KI-Systemen sind. Ein grundlegendes Verständnis von Begriffen, wie z. B. Generativer KI, Basismodelle, ist aber notwendig, um die Potenziale von KI realistisch einzuschätzen, Risiken und Kosten zu begrenzen und einen strategischen Einsatz von KI-Anwendungen in Unternehmen zu gewährleisten.

2.1 Definition von Künstlicher Intelligenz

In der Literatur existiert keine einheitliche Definition von KI. Dies ist auf zwei Gründe zurückzuführen: Einerseits ist der Begriff von Intelligenz schwer zu beschreiben, andererseits ist das Themenfeld sehr breit (Buxmann & Schmidt, 2021, S. 6). Relativ einig ist man sich aber darüber, dass es um die Schaffung von Computerprogrammen oder Maschinen geht, die eine Art intelligentes Verhalten an den Tag legen. (Kaplan, 2017, S. 15)

Um die Komplexität zu erfassen, erscheint folgende Beschreibung sinnvoll, welche auch die wissenschaftliche und technologische Dynamik im Themenfeld berücksichtigt:

▶ **Künstliche Intelligenz (KI)** umfasst eine Vielzahl von Technologien, die es Software ermöglichen, Verhaltensweisen zu simulieren, die als intelligent angesehen werden. Die Technologien, die unter dem Begriff der KI subsumiert werden, haben sich seit ihrer Entstehung kontinuierlich weiterentwickelt. Aktuell basiert KI vor allem auf Methoden des maschinellen Lernens und der künstlichen neuronalen Netze (Klüwer et al., 2023, S. 2).

Die Methode des maschinellen Lernens stellt eine grundlegende Technik im Bereich der Künstlichen Intelligenz dar. Das Ziel dieser Methode ist es, dass Maschinen ohne explizite Programmierung eines konkreten Lösungswegs automatisiert sinnvolle Ergebnisse liefern. Spezielle Algorithmen lernen aus den vorliegenden Beispieldaten Muster, die dann auch auf neue, zuvor noch nicht gesehene Daten angewendet werden können. Dies ist möglich, indem dem Modell im Zuge des Trainings riesige Datenmengen zur Verfügung gestellt werden. Das Modell erlernt auf dieser Basis die komplexen Zusammenhänge, die zwischen Daten und Antworten bestehen und kann diese später nicht nur im Trainingsdatensatz, sondern auch in anderen, unbekannten Daten anwenden.

▶ **Tipp**
Video: Künstliche Intelligenz in 2 min erklärt: Was ist eigentlich KI?
https://tinyurl.com/2ss37u47

Der zentrale Unterschied zur klassischen Programmierung besteht somit darin, dass nicht der Mensch die Situation mit formalen Regeln modelliert, welche das Programm dann anwendet, sondern das Programm gelernte Antworten im Sinne von Vorhersagen liefert (Headecke et al., 2023, S. 7). Da maschinelles Lernen auf Lernalgorithmen basiert, die auch im laufenden Betrieb weiterlernen können, ist es möglich, dass sich ihre Modelle fortlaufend verbessern und ihre Wissensbasis verbreitert wird. Neuronale Netze und Deep Learning haben erheblich zu den Fortschritten in der KI beigetragen. Damit können Computer Probleme lösen, die zu kompliziert sind, um sie mit Regeln zu beschreiben.

Deep Learning ist eine fortschrittliche Methode des maschinellen Lernens, die auf sogenannten künstlichen neuronalen Netzen basiert. Diese Netze sind inspiriert durch das menschliche Gehirn und bestehen aus mehreren Schichten von Knoten, die als künstliche Neuronen bezeichnet werden (Siehe Abb. 2.1). Die Eingabeschicht nimmt die Rohdaten auf und die Ausgabeschicht gibt die Ergebnisse aus. Dazwischen liegen versteckte Schichten, welche komplexe Datenverarbeitung und Mustererkennung ermöglichen, indem Gewichtungen vorgenommen werden, die während des Trainingsprozesses angepasst werden. Dies

2.1 Definition von Künstlicher Intelligenz

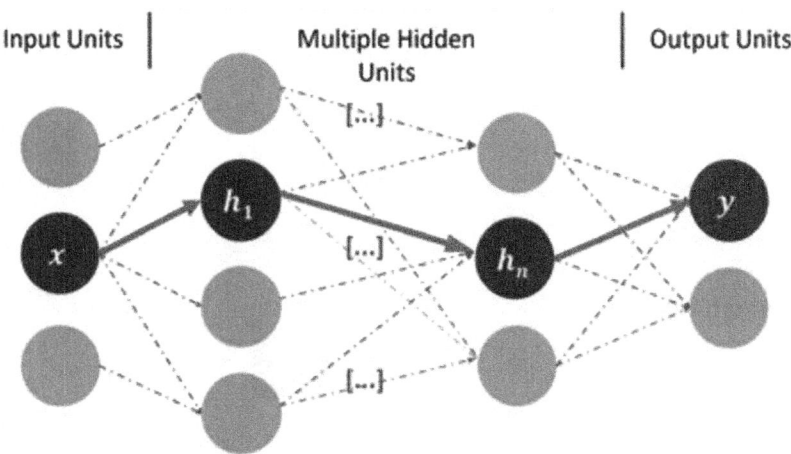

Abb. 2.1 Skizzenhafte Darstellung eines Künstlichen Neuronalen Netzes (Buxmann & Schmidt, 2021, S. 15)

ermöglicht es dem Modell, seine Vorhersagen zu verbessern. (Plattform Lernende Systeme, o. J.a; Kaplan, 2017, S. 51) Damit neuronale Netze die Probleme lösen können, werden viele Daten benötigt, die als Beispiele für die gewünschte Lösung dienen können und anhand der das zunächst unwissende Netz so an die Beispieldaten angepasst wird, dass es später auf neue Fälle verallgemeinern kann.

Jede Schicht in einem neuronalen Netz verarbeitet Eingaben von der vorherigen Schicht und leitet ihre Ausgabe an die nächste Schicht weiter. In den ersten Schichten werden einfache Muster erkannt, während in den tieferen Schichten komplexere Muster, wie Muster von Mustern, identifiziert werden. Diese schrittweise Abstraktion erlaubt es dem Netzwerk, sehr komplexe Sachverhalte zu verarbeiten, besonders wenn es eine hohe Anzahl an Schichten besitzt – was als Deep Learning bezeichnet wird. Deep Learning ermöglicht durch die Nutzung tief gestaffelter neuronaler Netze eine hochgradige Abstraktion und Erkennung komplexer Muster. Dies macht es zu einer leistungsfähigen Methode für vielfältige Anwendungen in der modernen Datenverarbeitung und Künstlichen Intelligenz. (Kaplan, 2017, S. 51)

Beim maschinellen Lernen werden drei Lernstile unterschieden: überwachtes Lernen, unüberwachtes Lernen und verstärkendes Lernen.

Beim überwachten Lernen werden dem Modell Eingabedaten zusammen mit den zugehörigen korrekten Ausgaben (d. h. beschrifteten Daten) präsentiert. Das

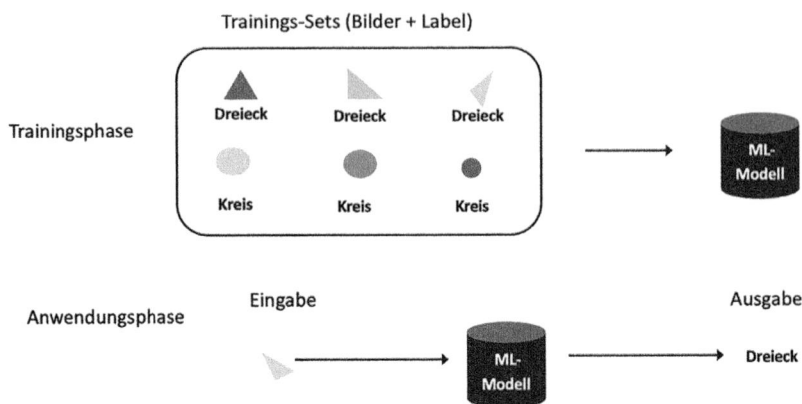

Abb. 2.2 Maschinelles Lernen mit überwachtem Lernen (Murrenhof et al., 2021, S. 6)

Modell wird so trainiert, dass es lernt, die Eingaben mit den richtigen Ausgaben zu verknüpfen, um bei neuen, unbekannten Daten Vorhersagen treffen zu können. In Abb. 2.2 ist dieser Ansatz des maschinellen Lernens in vereinfachter, abstrakter Form für die Bilderkennung dargestellt. Das Verfahren kann aber auch auf andere Bereiche übertragen werden, z. B. die Erkennung von gesprochener Sprache, die Klassifikation von Tätigkeiten aus Bewegtbildern oder Klassifikation von Dokumenten auf Basis von Schlüsselwörtern.

Beim unüberwachten Lernen erhält das Modell nur die Eingabedaten ohne die zugehörigen beschrifteten Daten. Das Ziel ist, Muster oder Strukturen innerhalb der Daten zu entdecken, wie z. B. Gruppen ähnlicher Datenpunkte (Clustering) oder die Reduktion von Daten auf wesentliche Merkmale (Dimensionsreduktion). In Abb. 2.3 ist ein abstraktes Beispiel dargestellt, in welchem ein auf maschinellem Lernen bestehendes Programm Bilder von unterschiedlich großen, verschiedenfarbigen Dreiecken, Kreisen und Rechtecken als Eingabe erhält und die entsprechenden Cluster bildet. Hierbei können auch bei gleichen Eingaben unterschiedliche Cluster gebildet werden. D. h., ein Programm sortiert die Eingaben nach Größe, ein anderes nach Form und ein weiteres nach Farbe.

Beim verstärkenden Lernen interagiert das Modell mit einer Umgebung und lernt durch Versuch und Irrtum. Es erhält Belohnungen oder Strafen für seine Aktionen und optimiert sein Verhalten, um langfristig die maximale kumulative Belohnung zu erzielen. (Buxmann & Schmidt, 2021, S. 11; Murrenhof et al., 2021, S. 7)

2.1 Definition von Künstlicher Intelligenz

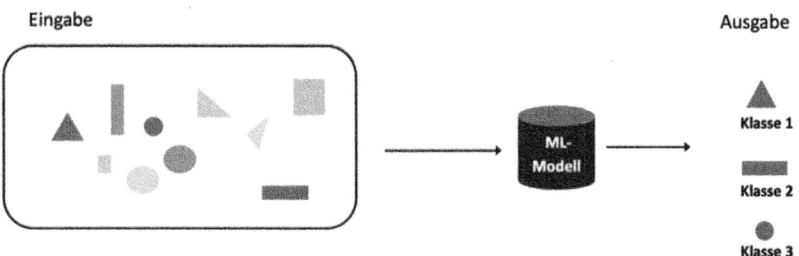

Abb. 2.3 Maschinelles Lernen mit unüberwachtem Lernen (Murrenhof et al., 2021, S. 7)

Obgleich maschinelles Lernen und künstliche neuronale Netze – auch als subsymbolische KI bezeichnet – derzeit im Fokus der Öffentlichkeit stehen, zählen auch wissensbasierte Systeme zu KI. Zu dieser symbolischen KI zählen Expertensysteme sowie regelbasierte Systeme. Dabei handelt es sich um Systeme, die auf einfachen, manuell definierten Wenn-dann-Beziehungen basieren. Die Vorteile der symbolischen KI besteht darin, dass ihre Entscheidungen nachvollziehbar sind und sie auch ohne große Datenmengen und große Rechenleistung funktioniert, da menschliches Wissen in die Entwicklung einfließt. Es handelt sich um spezielle und handgefertigte Systeme, wie z. B. Software zur Erstellung von Steuererklärungen, die in der Lage sind, Handlungsempfehlungen abzuleiten oder bei der Lösung von komplexen Problemen in speziellen Themenbereichen zu unterstützen. Im Gegensatz zu den Methoden des maschinellen Lernens und der künstlichen neuronalen Netze können solche Systeme jedoch keine Regeln erlernen oder automatisiert Muster für konkrete Probleme erkennen. (Hoos & Kersting, 2020, S. 20) Wissens- und regelbasierte Ansätze sind zwar kostenintensiv und schwer skalierbar, da viel manuelle Codierung erforderlich ist und sich nicht immer alle Fälle und Situationen im Vorfeld abbilden lassen. Dennoch bietet die symbolische KI sehr viele Vorteile, da die Ergebnisse nachvollziehbar und erklärbar sind. (Plattform Lernende Systeme, 2023, S. 2).

Dagegen sind Ansätze des maschinellen Lernens insbesondere gut geeignet zur Lösung von Wahrnehmungs- und Steuerungsproblemen. Sie sind skalierbar, haben eine hohe Leistungsfähigkeit und lassen sich in gewissen Grenzen, d. h. mit Modellanpassungen, auf andere Aufgaben und Situationen übertragen. Dem gegenüber stehen jedoch verschiedene Probleme. Hierzu zählt beispielsweise, dass sehr viele Daten in hoher Qualität vorliegen müssen und die Ergebnisse nur schwer nachvollziehbar bzw. erklärbar sind. Darüber hinaus sind sie ressourcen- und rechenintensiv und können diverse ethische Herausforderungen durch Verzerrungen in den Daten mit sich bringen (Siehe hierzu Abschn. 4.1).

Hybride KI-Systeme, die heute bereits vielfach zum Einsatz kommen, kombinieren Ansätze der symbolischen KI und des maschinellen Lernens und überwinden damit die Nachteile des jeweilig anderen Ansatzes. D. h. es werden sowohl menschliches Wissen als auch gesammelte Daten genutzt, um Lösungen für Problemstellungen zu entwickeln. Damit bieten sie besonderes Potenzial für effiziente, erklärbare KI-Systeme, die weniger Daten für den Lernprozess benötigen. Sie sind damit vor allem für Anwendungen geeignet, die sichere und genaue Ergebnisse erfordern. (Plattform Lernende Systeme, 2023, S. 4)

2.2 Einsatzmöglichkeiten und Fähigkeiten von KI

KI kommt heute bereits in sehr vielen Anwendungen zum Einsatz, weshalb auch von einer General-Purpose-Technologie gesprochen wird (Buxmann & Schmidt, 2021). So kommt KI z. B. vor in Spam-Filtern im Mailprogramm, in Empfehlungsalgorithmen („Kunden, die das gekauft haben …") bei Streamingdiensten, in der Gesichtserkennung im Smartphone, in Staubsaugerrobotern oder in Suchmaschinen, z. B. im Suchalgorithmus von Google, wobei dabei sehr unterschiedliche Fähigkeiten relevant sind. Grundsätzlich lassen sich diese folgenden Bereiche zuordnen (in Anlehnung an Kersting et al., 2019):

- **Wahrnehmen und Sehen,** d. h. die Fähigkeit zur Verarbeitung von visuellen Informationen, wie z. B. Bildern oder anderen sensorischen Eingaben, die mithilfe von Regeln und Algorithmen verarbeitet, interpretiert werden. Eine mögliche Anwendung ist die Unterstützung von Hautärzten bei der Erkennung von Hautkrebs bzw. der Hautkrebsklassifizierung.
- **Analytische Fähigkeiten.** KI-Systeme mit analytischen Fähigkeiten können Muster, Zusammenhänge oder Ähnlichkeiten in großen Datenmengen erkennen (Mustererkennung, Pattern Recognition). Sie helfen bei der Planung und Optimierung von Vorgehensweisen oder Strategien und können Vorhersagen treffen bzw. für Prognosen eingesetzt werden. Ein weiteres Einsatzgebiet besteht darin, dass Abläufe geplant und optimiert werden können.
- **Motorische Fähigkeiten,** wie z. B. das Greifen von Objekten, das Stehen, Laufen, sind auf KI-Algorithmen zurückzuführen, welche es ermöglichen, dass Roboter autonom mit der physischen Welt interagieren können.

- **Generierende Fähigkeiten** von KI-Systemen ermöglichen die Generierung von Audio-, Text-, Sprach-, Bild- oder Videosequenzen, wie dies z. B. bei ChatGPT erfolgt.

Abgrenzung von KI zu anderen Forschungsdisziplinen
Im Allgemeinen herrscht Einigkeit darüber, dass KI in der Informatik verankert ist. Sie verfügt jedoch über enge Beziehungen und auch Schnittstellen zu einer Vielzahl von Disziplinen, wie z. B. Psychologie, Kognitionswissenschaften, Neurowissenschaften.
Teildisziplinen von Künstlicher Intelligenz sind z. B. Maschinelles Lernen, Robotik oder NLP (Natural Language Processing). Da Künstliche Intelligenz in besonderem Maße auf Daten beruht, gibt es Schnittstellen und Zusammenhänge zu Data Science. Beide Termini sind Überbegriffe für Methoden und Techniken, die sich auf das Verstehen und Verwenden digitaler Daten beziehen.
Data Science beschreibt Prozesse, welche das Sammeln, Speichern, Homogenisieren, Verarbeiten, Validieren und Analysieren von Daten umfasst, mit dem Ziel, aus den Daten Informationen zu gewinnen. Data Science nutzt dabei regelmäßig Methoden des maschinellen Lernens, um Daten zu analysieren und ist damit einer von vielen Anwendungsbereichen von KI. Beide Konzepte können Vorhersagen treffen. KI geht jedoch noch einen Schritt weiter und nutzt die Daten, um kognitive Probleme zu lösen, die üblicherweise mit menschlicher Intelligenz in Verbindung gebracht werden.
Quelle: (AWS, o. J.b)

2.3 Basismodelle, LLMs und Generative KI

Aktuell dominiert das Thema der Generativen KI und der großen Sprachmodelle (Large Language Models (LLMs)), wie z. B. ChatGPT die mediale Berichterstattung. Die aktuellen, disruptiven Entwicklungen waren möglich aufgrund von drei parallelen Entwicklungen in den letzten Jahren: Neue Forschung im Bereich der Künstlichen Intelligenz hat neue und komplexe Algorithmen ermöglicht. Gleichzeitig hat die Digitalisierung zu einer riesigen Menge an Daten geführt, welche für das Training von Modellen genutzt werden konnten und auf immer leistungsfähigeren und speziellen KI-Recheninfrastrukturen gerechnet werden konnten.

Sogenannte *Grundlagen- oder Basismodelle* (Foundational Models) sind vorab auf riesigen Datenmengen trainierte neuronale Netzwerke, die als Ausgangspunkt für verschiedene KI-Anwendungen dienen. Sie sind darauf ausgelegt, durch Feinabstimmung für spezifische Anwendungsfälle optimiert zu werden. Basismodelle verändern die Möglichkeiten von KI grundlegend, da KI nicht mehr in jedem

Einzelfall neu trainiert werden muss. Sie bieten auch Chancen für solche Unternehmen, die über keine umfassende KI-Expertise und -Teams oder umfangreiche Daten verfügen. Denn die Anpassung solcher Modelle an unternehmensspezifische Modelle benötigt in der Regel weniger Daten, Expertise und Kosten, als wenn ein KI-Modell vollständig trainiert werden muss.

Kriterien zur Bewertung von Basismodellen
Grundlage für das Training von Basismodellen sind große Mengen an Daten, z. B. aus dem Internet. Basismodelle lassen sich anhand verschiedener Kriterien unterscheiden, z. B. der Größe des Trainingsdatensatzes und der Parameter, d. h. der Gewichte im künstlichen neuronalen Netz. Inzwischen existiert eine Vielzahl an Sprachmodellen, die verschiedene Stärken und Schwächen aufweisen. Die Auswahl des jeweiligen Modells sollte anhand der spezifischen Anforderungen und der benötigten Eigenschaften erfolgen. Hierzu zählen z. B. Anpassungsfähigkeit, technische Kompatibilität, Kosten, Energieverbrauch oder rechtliche und ethische Implikationen (Kelbert et al., 2023).

Anhand von Basismodellen lassen sich grundlegende Herausforderungen von KI verdeutlichen, z. B. rasante technologische Entwicklung, der Datenhunger oder auch die Intransparenz der Modelle. So wurde das 2018 veröffentlichte Basismodell BERT mit 340 Mio. Parametern und einem 16-GB-Trainingsdatensatz trainiert. Nur fünf Jahre später trainierte OpenAI GPT-4 mit 170 Billionen Parametern und einem 45-GB-Trainingsdatensatz (AWS, o. J.d). Anhand welcher Daten die Modelle trainiert werden, wird nur in einigen Fällen von den Anbietern bekannt gegeben; auch, ob die Daten für die Nutzung eingesetzt werden durften und ob die für das Training verwendeten Daten vertrauenswürdig sind (IBM, 2024). Hinzu kommt ein weiteres, grundlegendes Problem von KI: Modelle des maschinellen Lernens arbeiten häufig wie eine Black Box und geben keine Auskunft darüber, wie sie zu einem Ergebnis gekommen sind. Vor allem bei sensiblen Anwendungsbereichen, wie z. B. im Personalmanagement ist das in besonderem Maße problematisch. (Buxmann & Schmidt, 2021)

Mögliche Kriterien zur Bewertung von Modellen sind die sprachliche Kompetenz, die Modellgröße oder die Anforderung an die Rechenleistung. Anzumerken ist dabei, dass in der Vergangenheit der Grundsatz geherrscht hat, dass mehr Daten, mehr Leistung erbringen. Vor dem Hintergrund der hohen Kosten und des Energieverbrauchs arbeitet die Forschung aktuell aber daran, mit einer geringeren Anzahl an Parametern eine hohe Leistungsfähigkeit zu erbringen.

Weitere Kriterien sind die Möglichkeit zur Anpassung an konkrete Anwendungsfälle, die Kosten oder Lizenzkonditionen, aber auch die den Daten zugrunde liegenden Wertvorstellungen und die Rechtssicherheit sowie die Erklärbarkeit des Modells.

Der Unterschied von Basismodellen zu Generativer KI besteht darin, dass Generative KI die Fähigkeiten der Basismodelle nutzt, um neue Inhalte wie Texte, Bilder, Musik oder Videos zu erstellen. Abb. 2.4 verdeutlicht, dass es sich bei diesen Modellen um statistische Modelle handelt, die auf sehr vielen Daten die Zusammenhänge gelernt haben. In diesem Sinne ist ein Sprachmodell nicht mehr als ein Modell, welches die nächsten Worte vorhersagt.

2.3 Basismodelle, LLMs und Generative KI

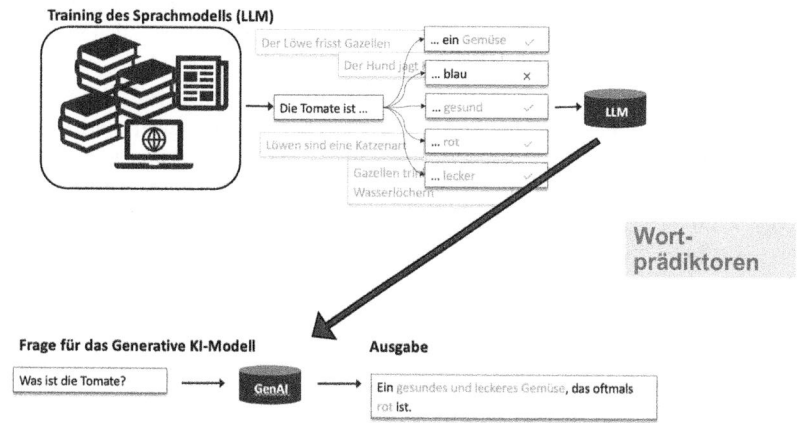

Abb. 2.4 Wie funktioniert generative KI (stark vereinfacht)?

Das derzeit bekannteste Modell ist ChatGPT. Das generative Modell ist in der Lage, natürlich klingende Konversationen zu führen, Texte, wie z. B. Aufsätze, Gedichte, Zusammenfassungen in unterschiedlichen Schreibstilen, zu schreiben, Übersetzungen zu tätigen oder auch Kochrezepte und Programmcode zu erstellen. Durch die Fähigkeit, in Sekundenschnelle Texte zu definierten Themen zu erstellen oder Texte zu überarbeiten, können bei Experten- und administrativen Tätigkeiten immense Produktivitätssteigerungen erzielt werden. Das Modell stützt sich auf eine riesige Menge an Textdaten aus dem Internet, wie beispielsweise Wikipedia, Bücher und andere Quellen. Ähnlich wie andere KI-Modelle arbeitet es auf Basis von Wahrscheinlichkeiten und fungiert somit als ein „Wortprädiktor". Das bedeutet, dass es die Wahrscheinlichkeit des Auftretens des nächsten Wortes in einer Sequenz berechnet, um Text zu generieren.

▶ **Tipp**
Erklärfilm: „Generative KI" der Plattform Lernende Systeme.
https://tinyurl.com/26p3pxwz

Auch wenn ChatGPT derzeit am meisten Aufmerksamkeit erhält: Daneben existieren eine Vielzahl anderer generativer KI-Tools und -Modelle, die über verschiedene Lizenzmodelle verfügbar sind. Oftmals gilt, dass kostenfreie Basisangebote durch kostenpflichtige Features ergänzt werden, um zusätzliche Funktionalitäten und erweiterte Nutzungsmöglichkeiten bereitzustellen. Zu beachten gilt dabei, dass die verschiedenen Tools zum Teil auf den gleichen Basismodellen basieren, wie folgende Abbildung zeigt (Tab. 2.1).

Große Modelle existieren in verschiedenen Ausprägungen: Neben monomodalen Sprachmodellen, die auf einen einzigen Datentyp ausgelegt sind, gibt es auch multimodale KI-Modelle, die verschiedene Arten von Daten kombinieren bzw. mit diesen trainiert wurden. Durch die Kombination verschiedener Datentypen kann das Einsatzgebiet erweitert werden. Möglich sind z. B. Modelle, die Text-zu-Video, Text-zu-Text, Text-zu-Bild oder auch Text-zu-Code ermöglichen. Damit kann KI in einem sehr breiten Feld zur Anwendung kommen (Abb. 2.5) (Tab. 2.2).

Obwohl Experten davon ausgehen, dass die Entwicklung noch am Anfang steht und bis zur Realisierung des vollständigen Potenzials noch einige Zeit vergehen wird, lag der globale Markt für generative KI in 2022 bereits bei 23,17 Mrd. Dollar. Für 2030 wird er auf 207 Mrd. Dollar geschätzt, was ca. 5 % des deutschen Bruttoinlandsprodukts aus dem Jahr 2022 entspricht (Löser, Tresp et al., 2023, S. 4).

Die vielfältigen Chancen gehen jedoch auch mit Nachteilen und Herausforderungen einher. So sind Entwicklung und Betrieb großer Modelle aufwendig und teuer. Auch wenn keine offiziellen Informationen über die Entwicklung und die Betriebskosten für ChatGPT vorliegen, geht man davon aus, dass alleine die laufenden Stromkosten für die Vorversionen des aktuellen ChatGPT-Modells bei 700.000 US$ pro Tag liegt (Petereit, 2023). Dazu kommen die Kosten für das Training, wobei diese für GPT-4 auf 78,3 Mio. USD und für Googles Gemini Ultra sogar auf 191,4 Mio. USD geschätzt werden (Maslej et al., 2024). Die mit der Entwicklung und dem Betrieb verbundenen immensen Kosten tragen dazu bei, dass der Großteil der Modelle von etablierten US-amerikanischen Tech-Konzernen entwickelt, betrieben und vermarktet werden.[1]

▶ **Output-Ergebnisse prüfen** Trotz aller Fortschritte „versteht" die KI weder In- noch Output und überprüft die Ergebnisse auch nicht im Hinblick auf die Richtigkeit. Vielmehr entstehen die Ergebnisse lediglich auf der Basis von mathematischen Berechnungen. Auch wenn die Ergebnisse falsch sind, z. B. weil keine oder nicht ausreichend Informationen verfügbar sind, präsentieren die Modelle ihre Antworten

---

[1] Es gibt jedoch auch Modelle, die aus Europa stammen, wie z. B. solche der Unternehmen Mistral, AlephAlpha oder das offene Modell Bloom. Diese Modelle sind jedoch nicht nur in der Anzahl geringer, sondern auch weniger bekannt.

2.3 Basismodelle, LLMs und Generative KI

Tab. 2.1 Auswahl von KI-Tools zur Generierung von Texten und Inhalten

Name	Key Features
Gemini	*Zugrunde liegende Technologie:* Gemini wurde entwickelt von Google DeepMind und basiert auf fortschrittlichen KI- und NLP-Modellen *Funktionsumfang:* Gemini unterstützt neben der Textgenerierung auch die Integration in Googles Ökosystem, einschließlich Websuche, Produktivitätstools und personalisierter Empfehlungen *Zielgruppe:* Das Tool richtet sich an ein breites Publikum, das Google-Dienste nutzt, sowie Unternehmen, die KI-gestützte Anwendungen entwickeln möchten *Einsatzbereich:* Starke Integration in Googles Produkte und Dienstleistungen, aber auch für spezifische KI-Lösungen und B2B-Anwendungen geeignet
ChatGPT	*Zugrunde liegende Technologie:* Entwickelt von OpenAI, basiert aktuell auf der GPT-4-Architektur (Generative Pre-trained Transformer 4), einem leistungsstarken Modell zur Verarbeitung natürlicher Sprache *Funktionsumfang:* Fokus auf Textgenerierung und Konversation. Erfüllt vielfältige Aufgaben wie Beantwortung von Fragen, kreatives Schreiben und Übersetzungen. Erweiterbar durch Plugins und Integrationen (z. B. Websuche, Code-Ausführung) *Zielgruppe:* Von normalen Nutzern bis hin zu Entwicklern und Unternehmen, die komplexe Aufgaben automatisieren oder kreative Lösungen benötigen *Einsatzbereich:* Flexibel einsetzbar für viele Anwendungen, von einfachen Textgeneratoren bis hin zu komplexen Geschäftsprozessen oder interaktiven Tools
You.com	*Zugrunde liegende Technologie:* Eine Suchmaschine, die auf KI und NLP-Technologien aufbaut, kombiniert verschiedene Modelle für kontextbezogene Suche und integrierte KI-Chatfunktionen *Funktionsumfang:* Bietet personalisierte Sucherfahrungen, direkte Beantwortung von Fragen in der Suchleiste, Code-Ausführung, Textzusammenfassung und Plugins. Enthält auch eine generative KI für ähnliche Aufgaben wie ChatGPT *Zielgruppe:* Internetnutzer, die eine alternative, KI-gestützte Suchmaschine suchen, mit personalisierten Ergebnissen und integrierter KI-Chat-Funktion *Einsatzbereich:* Hauptsächlich als Suchmaschine verwendet, bietet aber zusätzliche Mehrwerte durch KI-Integration, wie Inhaltserstellung und Programmierhilfen

(Fortsetzung)

Tab. 2.1 (Fortsetzung)

Name	Key Features
Perplexity.AI	*Zugrunde liegende Technologie:* Durchsucht das Internet in Echtzeit, um aktuelle Informationen bereitzustellen. Nutzt im Standard (kostenlos) GPT-3.5 für die Verarbeitung natürlicher Sprache. Nutzer des Pro-Plans können leistungsfähigere und spezialisierte Modelle nutzen, wie z. B. GPT-4, Claude 3, Mistral *Funktionsumfang:* Bietet direkte, quellenbasierte Antworten auf Nutzeranfragen. D. h. jede Antwort enthält Verweise auf die genutzten Informationsquellen, was die Überprüfung von Fakten erleichtert. Zudem ermöglicht Perplexity eine vertiefte Recherche durch thematisch verwandte Fragen *Zielgruppe:* Ideal für Literaturrecherche und Unterrichtsvorbereitung oder Nutzer, die schnelle und präzise Antworten auf ihre Fragen suchen *Einsatzbereich:* Unterstützt bei der Suche nach relevanten wissenschaftlichen Quellen und beim Fact-Checking

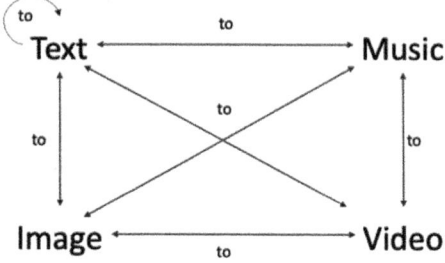

Abb. 2.5 Datenverarbeitung Generativer KI-Modelle (Plattform Lernende Systeme, o. J.b)

als korrekt. Oftmals wird dann davon gesprochen, dass die KI halluziniert. **Vor diesem Hintergrund sind die Ergebnisse von Generativen KI-Systemen immer im Hinblick auf ihre Richtigkeit zu prüfen.**

Um die Potenziale, aber auch die Grenzen von Sprachmodellen einschätzen zu können, gilt es sich in Erinnerung zu rufen, was die zentrale Fähigkeit dieser Modelle ist. Diese liegt darin, menschlich klingende Kommunikation wiederzugeben, d. h. möglich menschlich zu klingen. Sie sind nicht dazu ausgelegt, Wissen exakt zu speichern oder abzurufen. Bei der Erstellung von Fachwissen ist daher immer Vorsicht geboten, insbesondere, wenn nicht auf spezifischere Tools, wie z. B. Perplexity oder You.com zurückgegriffen wird, die auch aktuelle Suchfunktionen integriert haben.

Tab. 2.2 Beispiele für Aufgabenstellungen von Sprach- und multimodalen Modellen (Löser, Tresp et al., 2023, S. 7)

Beispiele für Aufgabenstellungen großer Sprachmodelle in der Anwendung	Beispiele für Aufgabenstellungen multi-modaler Modelle
Überprüfung der Korrektheit von Informationen (z. B. in Kombination mit aktuellen und verifizierten Datenbanken) Domänenspezifische Rechercheunterstützung (etwa Rechts- und Gesundheitswesen) Analyse von Texten auch im Hinblick auf ihre Bedeutung, Aussage und Wertung (Sentiments- und Stilanalyse) Extraktion von Wissen, Information, Beziehungen und Zusammenhängen aus Dokumenten bzw. Dokumentensammlungen Abgleich, Aggregation und Verarbeitung von Dokumenten (z. B. Nachrichten, Geschäftsdokumente etc.) Information Retrieval inklusive der Verbesserung der Suche nach Informationen (z. B. semantische Suche, Bild-zu-Text-Suche etc.) Textgenerierung (z. B. Werbetexte, Zusammenfassung, Bildunterschriften etc.) Automatische Übersetzung Dialogsysteme, persönliche Assistenzsysteme, Chatbots Generierung von Programmcode und Unterstützung von Programmierenden	Generierung von Bildern, Videos aus Texteingaben Erstellung von 3D-Formen und -Modellen aus 2D-Zeichnungen und -Bildern Erstellung von Bauteilen durch Eingabe geometrischer und physikalischer Spezifikationen Steuerung von Robotern Suche von einer Modalität in die andere (z. B. Bild-zu-Text-Suche) Generierung von Bildunterschriften und -beschreibungen Abgleich und Bestätigung zwischen Modalitäten zur Verbesserung von Modellfähigkeiten (z. B. Bild- und Textverstehen)

2.4 Allzweck-KIs versus spezialisierte KI-Systeme

Zusätzlich zu Unterscheidungsmerkmalen, wie z. B. symbolische KI und subsymbolische KI, Lernformen, lassen sich KI-Systeme und -Algorithmen auch anhand von Entwicklungsstufen unterteilen.

In der allgemeinen Diskussion wird oftmals der Begriff der Artificial General Intelligence (AGI) genannt. Dabei handelt es sich um eine allgemeine Künstliche Intelligenz, welche besser als der Mensch in allen für Menschen typischen Qualitäten ist. Die Diskussion, wann mit einer solchen AGI zu rechnen ist, wird intensiv geführt, wobei die Meinungen sehr weit auseinanderklaffen: Während manche Experten davon ausgehen, dass dies bereits in den nächsten Jahren der Fall ist (Deutsche Welle, 2023; Plickert, 2023), gehen andere von einem unerreichbaren Ziel aus. Es gilt jedoch zu beachten, dass solche Diskussionen in gewisser Weise auch am Thema vorbei gehen können. Denn Risiken und Herausforderungen durch Künstliche Intelligenz resultieren nicht nur aus Weltuntergangsszenarien, welche durch eine Machtergreifung durch eine Superintelligenz resultieren. Diverse Risiken von KI entstehen bereits bei weniger weit entwickelten KI-Systemen. Anstelle nur von den Risiken einer AGI zu sprechen, erscheint es daher sinnvoll, die Herausforderungen einer Allzweck-KI (General Purpose AI, GPAI) in den Fokus zu nehmen, d. h. von KI-Modellen, die eine signifikante Allgemeinheit aufweisen und welche in der Lage sind, ein breites Spektrum unterschiedlicher Aufgaben kompetent auszuführen. Solche Modelle, wie z. B. ChatGPT, können nicht nur direkt verwendet, sondern auch in andere Systeme integriert werden. In der Konsequenz werden ihre Fehler oder von ihr ausgehende Risiken und Bedrohung schnell weit verbreitet, weshalb besondere Gefahren von ihr ausgehen.

Diesen allgemeinen KIs stehen spezialisierte KI-Modelle gegenüber, die gezielt mit besonderen (Unternehmens-)Daten trainiert wurden. Sie agieren für spezielle Use Cases und können Aufgaben übernehmen, für die generalisierte KI-Systeme nicht geeignet sind. Da diese Modelle speziell für eine Anwendung entwickelt wurden, sind sie mit vergleichsweise hohen Kosten verbunden. In der Konsequenz haben sich eigene Modelle in der Vergangenheit oftmals nicht gelohnt. Mit neuen Technologien, welche z. B. auch Low- oder No-Code-Lösungen umfassen, ändert sich die Situation jedoch, weshalb davon auszugehen ist, dass trotz des aktuellen Hypes um ChatGPT, zukünftig spezielle KIs dominieren werden (Imcke, 2024).[2]

Eine Möglichkeit KI an spezielle Gegebenheiten anzupassen ist Retrieval Augmented Generation (RAG). Dabei handelt es sich um eine Technik, die die Stärken von abfragebasierten und generativen Modellen der künstlichen Intelligenz kombiniert und damit versucht, die Begrenzungen klassischer Modelle, z. B. von großen Sprachmodellen zu überwinden. So wird beim RAG die Ausgabe eines großen Sprachmodells optimiert, sodass es auf eine maßgebliche Wissensbasis außerhalb seiner Trainingsdatenquellen verweist, bevor eine Antwort generiert wird. D. h. dass die Fähigkeiten von LLMs werden mit externen Wissensdatenbanken kombiniert, um genauere und kontextbezogenere Antworten zu generieren.

---

[2] Diverse KI-Tools, die für spezielle Aufgaben entwickelt wurden, werden in den folgenden Kapiteln vorgestellt.

2.4 Allzweck-KIs versus spezialisierte KI-Systeme

RAG KI-Tools arbeiten in zwei Hauptschritten: Das System durchsucht eine externe Datenbank oder einen Wissensspeicher nach relevanten Informationen zur gestellten Anfrage. Basierend auf den abgerufenen Informationen und dem eigenen Sprachverständnis generiert das LLM eine Antwort.

RAG-KI-Tools bieten Unternehmen deutliche Vorteile, die über herkömmliche KI-Systeme hinausgehen. Indem sie auf externe, aktuelle und kontextbezogene Informationen zugreifen, ermöglichen sie präzisere und relevantere Antworten, die auf dem neuesten Stand sind, ohne dass das zugrunde liegende Modell ständig neu trainiert werden muss. Die Fähigkeit, kontextbezogene, domänenspezifische Informationen einzubeziehen, steigert die Relevanz und den Nutzen der Antworten erheblich. Gleichzeitig reduziert der Einsatz von RAG-Methoden das Risiko sogenannter „Halluzinationen" – also falscher oder erfundener Inhalte – und trägt so zu einer verlässlicheren und stabileren Nutzererfahrung bei. (AWS, o. J.c).

KI-Agenten sind die nächste Entwicklungsstufe der KI, da sie nicht nur Informationen abrufen und verarbeiten, sondern auch eigenständig handeln, Entscheidungen treffen und kontinuierlich dazulernen. Im Gegensatz zu reinen RAG-Modellen, die Wissen aus externen Quellen abrufen und in generative Modelle integrieren, können KI-Agenten aktiv Aufgaben ausführen, komplexe Workflows steuern und sich an neue Herausforderungen anpassen. Diese Weiterentwicklung macht sie besonders wertvoll für die Wirtschaft, da sie Automatisierung auf ein neues Niveau heben, Prozesse optimieren und Unternehmen ermöglichen, effizienter und agiler zu agieren. Besondere Potenziale liegen auch darin, dass Multiagentensysteme geschaffen werden. Sie erweitern das Konzept, indem mehrere KI-Agenten in einem vernetzten und verteilten System miteinander arbeiten, wobei die Agenten autonom agieren und selbständig entscheiden, aber auch voneinander lernen. Multiagentensysteme eignen sich dabei vor allem für Aufgaben, die aufgrund ihrer Größe, Komplexität oder Dezentralität nicht von einem einzelnen Agenten bewältigt werden können. (Stefanski & Vogel (2025), S. 11 ff.)

Viele Experten halten KI-Agenten für das „nächste große Ding der KI-Welt" (Lobo, 2025). Sie werden einen tiefgreifenden Wandel und eine KI-Transformation mit sich bringen, da sie nicht mehr nur einzelne, kleinteilige Aufgaben übernehmen, sondern als digitale Mitarbeiter agieren können.

Beispiel

Fallbeispiel: Realtime Voice Assistant Agent für das Incident Management. https://tinyurl.com/yytk8pyf◄

2.5 Unterscheidungsmerkmale von KI-Systemen

Damit KI sinnvoll zum Einsatz kommt, bedarf es nicht nur eines Algorithmus. Vielmehr muss KI in ein nutzbares System eingebettet sein, weshalb es sinnvoll ist, nicht allgemein von KI, sondern von KI-Systemen zu sprechen. Die Entwicklung solcher KI-Systeme ist herausfordernd: Sie benötigt nicht nur Daten, Recheninfrastruktur und Kompetenz im algorithmischen Bereich, sondern auch Expertise in der jeweiligen Anwendungsdisziplin sowie darüberhinausgehender Kenntnisse, wie z. B. Datenbanken, IT-Sicherheit, Programmiertechniken. Aber auch für den Betrieb von nicht eigenentwickelten KI-Systemen gilt es Besonderheiten zu berücksichtigen, die sich je nach Merkmal des KI-Systems unterscheiden.

Eine grundlegende Frage bei der Entwicklung oder Beschaffung von KI-Systemen ist, ob die KI-Lösung eigenständig funktioniert oder in eine Plattform, ein bestehendes System oder eine bestehende Anwendung integriert ist. Integrierte Anwendungen bieten oftmals den größten Nutzen. Allerdings haben auch eigenständige Anwendungen, die speziell für den jeweiligen Einsatz entwickelt wurden, ihre Berechtigung. Sie sind insbesondere dann sinnvoll, wenn eine Integration schwierig oder der Nutzen der Integration begrenzt ist (Pieper, 2023, S. 228). Im Zusammenhang mit dem Betrieb eines KI-Systems muss auch geklärt werden, ob dieses on-premise, in der Public Cloud oder direkt beim Provider laufen soll.

KI-Systeme können entweder auf der Basis eigener Daten selbst entwickelt oder als fertige Kauflösungen erworben werden. Eigenentwicklungen ermöglichen maßgeschneiderte Lösungen, die spezifische Bedürfnisse adressieren, erfordern jedoch erhebliche Ressourcen, v. a. Daten, Finanzmittel und Fachwissen. Fertige KI-Lösungen hingegen sind sofort und ohne Entwicklungszeit einsatzbereit, bieten schnelle Implementierung und oft umfassenden Support. Zudem lassen sich KI-Technologien in bestehende Tools integrieren, wodurch deren Funktionalität erweitert und Prozesse automatisiert werden können, ohne dass komplette Neuentwicklungen notwendig sind. Darüber hinaus können Standardlösungen aber auch auf der Basis eigener Daten (maßgeblich) angepasst werden. Zu beachten gilt dabei auch, dass immer mehr Anbieter von Standard-Software ihre Angebote um KI erweitert haben. Teilweise ohne, dass es dem Nutzer bewusst ist, können Anwender KI-Funktionen direkt in den vertrauten Anwendungen von SAP oder Microsoft einsetzen, ohne dass zwischen verschiedenen Systemen gewechselt werden muss. Darüber hinaus werden fortlaufend

2.5 Unterscheidungsmerkmale von KI-Systemen

Erweiterungen von KI-Unternehmen entwickelt, durch die Standardsoftware z. B. durch PlugIns um Bild- oder Textgeneratoren erweitert werden kann.[3]

Ziel dieses Kapitels war es, anhand zentraler Begriffe einen Überblick über die aktuelle Entwicklung von KI zu geben und darüber zu zeigen, welche Fähigkeiten im betrieblichen Alltag eingesetzt werden können. Dabei lässt sich zusammenfassend festhalten, dass vor allem folgende Fähigkeiten relevant sind:

- Automatisierung von repetitiven Aufgaben
- Analyse und Klassifizierung von großen Datenmengen
- Vorhersage von Ereignissen
- Generierung von Inhalten
- aber auch Kreativprozesse

Aufgrund dieser Fähigkeiten gewinnt KI zunehmend an Bedeutung in der Wirtschaft, wobei aktuell vor allem Generative KI dazu beiträgt. Das McKinsey Global Institute geht davon aus, dass bis 2030 rund 30 % der aktuellen Arbeitsstunden durch Technologien automatisiert werden (McKinsey Global Institute, 2024, S. 3). Damit ist auch das wirtschaftliche Potenzial von KI immens: Das Marktvolumen für Deutschland im Jahr 2024 wird auf ca. 7,17 Mrd. € geschätzt, mit einer jährlichen Wachstumsrate (CAGR 2024–2030) von 28,51 % (Statista Market Insights, 2024).

---

[3] Eine Übersicht von Design-Erweiterungen findet sich z. B. hier: https://page-online.de/tools-technik/arbeiten-mit-ki-nuetzliche-plugins-addons-und-extensions/

KI in betrieblichen Funktionen 3

▶ Künstliche Intelligenz bietet vielfältige Einsatzmöglichkeiten in Unternehmen, sei es zur Erweiterung von Produkten und Dienstleistungen, zur Optimierung von Prozessen oder zur Schaffung neuer Mehrwerte für Kunden. Während produktbasierte Innovationen oft einen hohen Aufwand erfordern, lassen sich Prozessoptimierungen meist mit geringeren Ressourcen realisieren – insbesondere, wenn KI in bestehende (Standard-)Software integriert ist. Dadurch können Unternehmen aller Branchen effizientere Geschäftsprozesse gestalten und Produkte kostengünstiger entwickeln. KI-gestützte Tools und Systeme können Mitarbeitende sowohl bei einzelnen Aufgaben als auch bei ganzen Prozessen unterstützen, wodurch die Technologie zunehmend die Rolle eines Assistenten übernimmt. Dies ermöglicht Entlastung und Effizienzsteigerung in verschiedenen Unternehmensbereichen – von Kernprozessen bis hin zu Querschnittsfunktionen wie Personalmanagement, Marketing, Logistik oder Rechnungswesen.

Die Fähigkeiten von KI lassen sich auf unterschiedliche Art und Weise in Unternehmen einsetzen: Es können beispielsweise Produkte und Dienstleistungen erweitert, Prozesse optimiert oder durch KI neue Mehrwerte für die Kunden geschaffen werden. Die Umsetzung von produktbasierten Innovationen ist in der Regel mit einem höheren Aufwand verbunden, da hierfür spezifische Expertise und Daten erforderlich sind. Prozessoptimierungen können demgegenüber in vielen Fällen mit einem vergleichsweise geringen Aufwand realisiert werden. Dies trifft insbesondere zu, wenn KI nicht als eigenständige Entwicklung, sondern als Komponente in eine bestehende Software integriert wird. Damit ergeben

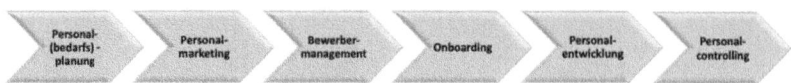

Abb. 3.1 Funktionen des Personalmanagements

sich für Unternehmen jeglicher Größe und Branchenherkunft diverse Möglichkeiten, Geschäftsprozesse effizienter zu gestalten oder auch Produkte schneller und kostengünstiger zu entwickeln. (Lundborg et al., 2023, S. 4 f.)

Mit diesen Fähigkeiten wird KI in den nächsten Jahren Unternehmen, aber auch die Rolle des Managements verändern: Indem neue Tools und KI-Systeme Mitarbeitende bei einzelnen Aufgaben, aber auch bei ganzen Prozessen unterstützen, wird die Technik immer mehr zum Assistenten, der kleinere Prozessschritte, aber auch ganze Aufgaben übernimmt und bei den großen wirtschaftlichen Herausforderungen der VUCA-Welt unterstützen kann.[1] Dies gilt nicht nur in den Hauptprozessen eines Unternehmens, sondern auch in den betrieblichen Querschnittsfunktionen, wie Personalmanagement, Absatz und Marketing, Logistik, Rechnungswesen oder strategischem Management. So gehen aktuelle Analysen beispielsweise davon aus, dass der Einsatz von generativer KI im Berufsfeld der Berater die Leistung um bis zu 40 % verbessern wird (Dell'Acqua et al., 2023, S. 1).

3.1 KI im Personalmanagement

Das Personalmanagement ist eine der zentralen Aufgaben in einem Unternehmen (vgl. Abb. 3.1). Zu den Handlungsfeldern gehören ein breites Spektrum an Aufgaben, welches von der Personalplanung, dem Personalmarketing, der Personalbeschaffung und -auswahl, der Mitarbeiterbindung, bis hin zur Personalentwicklung, -führung und dem Personalcontrolling reicht. KI kann an verschiedenen Stellen einen wichtigen Beitrag zur Überwindung von zentralen, im Folgenden dargestellten Herausforderungen leisten:

---

[1] VUCA steht für volatility (Volatilität), uncertainty (Ungewissheit), complexity (Komplexität) und ambiguity (Ambiguität).

3.1 KI im Personalmanagement

- Die fortschreitende *Globalisierung* führt dazu, dass internationale Kompetenzen auch im Personalmanagement entwickelt werden müssen. Dazu gehören z. B. eine internationale Personaleinsatzplanung sowie ein internationales Recruiting.
- Durch den Wandel hin zur *Wissensgesellschaft* ergeben sich Herausforderungen für das Personalmanagement. Insbesondere ist die Personalentwicklung gefordert, damit die Mitarbeiter entsprechend weiterqualifiziert werden (upskilling und reskilling).
- Das Personalmanagement muss auf den *demografischen Wandel* mit einer abnehmenden Bevölkerung und einer veränderten Altersstruktur reagieren. Personalrecruiting und Personalbindung gewinnen damit an Bedeutung.
- Demographischer Wandel und *Wertewandel* bedingen sich gegenseitig. Babyboomer haben andere Werte als die Mitarbeiter der Generation X, Y oder Z. Der Demographische Wandel führt auch zu einer wertebasierten Diversität in Unternehmen.
- Gleichzeitig bietet der *technologische Fortschritt* nicht nur neue Möglichkeiten, sondern auch die Herausforderungen, dass Mitarbeiter für die veränderte Arbeitswelt begeistert und zum Erkennen und Nutzen der neuen technologischen Entwicklungen befähigt werden.

Die genannten Entwicklungen wirken auf unterschiedliche Weise auf das Personalmanagement und seine verschiedenen Aufgaben, wobei KI an verschiedenen Stellen einen Beitrag zur Überwindung leisten kann.

Auch wenn KI im Bereich des Personalmanagements vor allem aufgrund ethischer und rechtlicher Bedenken auch kritisch gesehen wird (Siehe hierzu auch Abschn. 4.1), gibt es Einsatzfelder, die einen hohen Nutzen und kaum ethische Bedenken mit sich bringen.

Ein Beispiel ist die *Personalbedarfsplanung*: Die Herausforderung besteht darin, Quantität und Qualität des für die Erreichung der Unternehmensziele notwendigen Personals zu ermitteln, zu planen, gleichzeitig aber auch Nebenbedingungen, z. B. durch persönliche Präferenzen der Mitarbeiter zu berücksichtigen. KI-basierte Tools können hier unterstützen und den Personaleinsatz für die Planung immens reduzieren. Sie können auch hoch-komplexe Optimierungen durchführen, z. B. basierend auf speziellen Produktionsanforderungen, Qualifikationen, Arbeitszeitkonten und externen Nebenbedingungen, wie z. B. den bereits erwähnten persönlichen Präferenzen oder spezielle Qualifikationsprofile der Mitarbeiter. Dies ermöglicht nicht nur Produktivitätssteigerungen in der Planung, sondern kann auch zur Verbesserung der Arbeitsbedingungen der Mitarbeiter beitragen. Beispielsweise können Schichtmodelle attraktiver gestaltet werden, indem Mitarbeiter die Möglichkeit bekommen aus mehreren Alternativ-Plänen zu wählen oder auch "Jokertage" einzusetzen. (Vogel, 2022).

Auch das *Personalmarketing*, welches das Ziel verfolgt, qualifizierte und motivierte Mitarbeiter durch einen attraktiven Marktauftritt des Unternehmens zu gewinnen und langfristig an das Unternehmen zu binden, wird immer mehr durch KI unterstützt. Dies gilt z. B. in der *Personalbeschaffung*, wo vor allem generative KI genutzt werden kann. Möglich ist das z. B. für das Schreiben von Stellenangeboten und SEO-Optimierung von Jobinseraten oder bei der Wahl für das Inserat geeigneter Medien (Furkel & Rech, 2024).

Beim Augmented Writing wird der Verfasser eines Textes bei der Erstellung von Texten unterstützt, beispielsweise indem Trends und Schlüsselbegriffe zum Thema ermittelt werden und ein Konzept für den Text vorgeschlagen wird (Kreutzer, 2023, S. 404). So kann Augmented Writing als Schreibcoach beispielsweise dadurch unterstützen, dass Titel und Inhalte einer Stellenanzeige so konzipiert werden, dass sich möglichst viele Bewerber aus der Zielgruppe durch relevante Schlüsselwörter und -sätze angesprochen fühlen. Dabei kann nicht nur auf stellenspezifische, sondern auch auf regionale Besonderheiten eingegangen werden. Die Tools können auch erfahrene Personaler dabei unterstützen, dass Anzeigen gendergerecht und diversity-freundlicher formuliert werden und der potenzielle Talentpool erweitert wird.

Aber auch Bewerber können von KI profitieren, beispielsweise durch zeitsparende Bewerbungsprozesse, in denen z. B. Lebensläufe und Anschreiben automatisch generiert werden. Immer mehr Jobplattformen ermöglichen daher Angebote, welche auch eine personalisierte und zielgenaue Kandidatenansprache beinhalten. Hierzu zählt auch die Ansprache von passiv Stellensuchenden, indem die Zielgruppe auf zahlreichen Medienkanälen in Social Media, Suchmaschinen und Displays gezielt angesprochen wird. (Furkel & Rech, 2024)

Bei der *Personalauswahl* analysieren die dafür verantwortlichen Personen die Bewerber im Hinblick auf relevante Merkmale, wobei auch Soft Skills von Bedeutung sind. Um zu Einschätzungen zu gelangen, bieten sich nicht nur klassische Wege in Form von Vorstellungsgesprächen oder Assessment Center an. Robo-Recruiter können insbesondere in der frühen Phase des Bewerbungsprozesses unterstützend eingesetzt werden, z. B. bei der Ermittlung von stellenrelevanten Qualifikationen in Form von Sprachkenntnissen. Möglich ist auch eine KI-gestützte Vorauswahl von Bewerbern, beispielsweise durch eine Analyse von Video- oder Tonaufnahmen, wie sie beispielsweise durch das deutsche Unternehmen Retresco durchgeführt werden (Kreutzer, 2023, S. 301). KI-Lösungen können dazu beitragen, dass Bewerbungen im Hinblick auf Kompetenzen automatisch gescreent und im Hinblick auf die Anforderungen abgeglichen werden,

3.1 KI im Personalmanagement

wodurch die verantwortlichen Personen zeitlich immens entlastet werden können. Zudem bietet KI die Möglichkeit bei der Priorisierung zu unterstützen, beispielsweise durch Matching-Scores (Furkel & Rech, 2024). Ferner kann analysiert werden, ob ggf. andere offene Stellen im Unternehmen zum Bewerbenden passen würden, auch wenn sich die Kandidaten:innen hierauf nicht explizit beworben haben. Neben dem automatischen Screening können auch Planungsaufgaben, z. B. für Interviews durch KI ausgeführt werden.

Auch die Analyse von Bewerbungsgesprächen oder das Talent Management, d. h. die systematische Analyse von Talenten in einem Unternehmen, kann durch KI unterstützt werden. Dies erfolgt u. a. indem Körpersprache, Mimik oder Wortwahl, analysiert werden. Zu beachten ist jedoch, dass der Einsatz von KI bei der Personalauswahl häufig kritisch betrachtet wird, da nicht bekannte Verzerrungen in den Daten zu einer Diskriminierung führen können. Nicht nur vor dem Hintergrund rechtlicher Aspekte (v.a. AI Act), sondern auch um einem Vertrauensverlust vorzubeugen, sollte der Einsatz von KI im Bewerbungsprozess daher unbedingt transparent dargestellt werden.

Auch das *Onboarding* kann durch den Einsatz von KI optimiert werden. Ein gelungenes Onboarding hat den Vorteil, dass der neue Mitarbeiter schneller seine volle Leistungsfähigkeit erreicht. Die Unterstützung des Onboardings durch KI kann beispielsweise in Form von Chatbots erfolgen, die neue Mitarbeiter:innen als digitale Paten im Prozess begleiten.

> **Fallbeispiel: New Work: Tool zur Unterstützung bei der Selbstorganisation**
> https://tinyurl.com/bdfudt3e ◄

Besondere Potenziale liegen darüber hinaus in der *Personalentwicklung*, welche auch angesichts des zunehmenden Fachkräftemangels und des technischen Fortschritts, der mit einem Wandel der erforderlichen Kompetenzen, von zunehmender Bedeutung ist. Die Personalentwicklung umfasst alle Maßnahmen zur Verbesserung der Motivation und der Erhaltung und Verbesserung der Leistungsfähigkeit und -bereitschaft der Mitarbeiter eines Unternehmens. KI kann beispielsweise dazu beitragen, dass auf die Mitarbeiter individuell angepasste Lernpläne für die Weiterbildung entwickelt werden (Stowasser & Neuburger, 2022).

HR Analytics stellt die Weiterentwicklung des *Personalcontrollings* dar und umfasst die systematische Erhebung, Verarbeitung und Auswertung personalwirtschaftlicher Daten und dient der Unterstützung planvoller Entscheidungen im Personalmanagement. Eine detailliertere Darstellung der KI-basierten Möglichkeiten findet sich in Abschnist 3.4 (KI im Rechnungswesen und Controlling).

> **Fallbeispiel: KI-basiertes Personalmanagement bei Unilever**
>
> Unilever hat weltweit etwa 128.000 Mitarbeiter und erhält jährlich bis zu 250.000 Bewerbungen. Um den Bewerbungsprozess zu vereinfachen, Prozesse effizienter zu gestalten, aber auch um Talente nicht zu übersehen, hat Unilever mit einem externen Anbieter eine KI-Plattform entwickelt. Diese ermittelt Fähigkeiten von Bewerbern sowie deren Passfähigkeit mit der Stelle. Bewerber werden beispielsweise im Rahmen von Spielen im Hinblick auf ihre Fähigkeiten getestet und von Algorithmen bewertet. Videointerviews werden mithilfe von KI ausgewertet, sodass es im Ergebnis zu einer Einsparung von ca. 75 % der Arbeitszeit für die Befragung und Beurteilung von Kandidatinnen und Kandidaten kommt.
>
> Neue Mitarbeiter werden durch KI-basierte Tools begleitet und an die neue Position sowie die Unternehmenskultur herangeführt. Ein Chatbot liefert Informationen und interagiert mit den Mitarbeitern, um wiederkehrende Fragen zu beantworten, z. B. zu Parkplatzverfügbarkeit, Shuttlebus-Zeiten und Gehaltsüberprüfungen. Der Bot ist in der Lage, Informationen zu selektieren, z. B. nach Unternehmensstandort oder Position des Mitarbeiters. Die Daten für den Chatbot stammen bisher aus internen Quellen wie Richtlinien, Zeitplänen und Mitarbeiterfragen, wobei zukünftig auch weitere Daten, z. B. Lernmaterialien integriert werden sollen. Trotz der frühen Phase der Initiative zeigen erste Analysen, dass sie bei den Mitarbeitern beliebt ist.
>
> (BusinessPunk, 2024).◀

▶ **Praxistipp** Übersicht über KI-Tools für Recruiting-Aufgaben: https://tinyurl.com/2dv5n4pf

Zusammenfassend kann man feststellen, dass KI die Führungskräfte und das Personalmanagement in einem breiten Spektrum an Aufgaben unterstützen kann. Diese reichen von administrativen Koordinations- und Kontrollaufgaben bis hin zu Entscheidungen. Dies gilt insbesondere für solche Aufgaben, die eine hohe Strukturierung und Regelmäßigkeit aufweisen. Menschen und KI-Systeme können einander bei der Bewältigung von Aufgaben sehr gut ergänzen. Dies ermöglicht eine Effizienzsteigerung und Produktivitätssteigerung, bietet aber auch die Chance, zeitliche Kapazitäten in neue Bereiche zu investieren, wie z. B. der persönlichen Betreuung, strategischen Aufgaben, wie z. B. der Begleitung von Innovationsprozessen erfolgreich mitzugestalten (Stowasser & Neuburger, 2022; Tasheva & Karpovich, 2024). Insgesamt kann KI zur Verkürzung der Zeit bis zur Einstellung einer Person beitragen.

Neben rein zeitlichen Ersparnissen kann KI im Personalmanagement auch einen Qualitätsbeitrag leisten. Potenziale liegen insbesondere darin, dass die Wahrscheinlichkeit eines Matching von Bewerbern und Recruitern erhöht wird oder auch Insights gewonnen werden, welche für Führungsaufgaben notwendig sind (Kreutzer, 2023, S. 411 ff.).

Gleichzeitig bringt KI aber auch neue Herausforderungen mit sich: Die Möglichkeiten der Automatisierung bergen die Gefahr, dass menschliche Beziehungen im gesamten Prozess des Personalmanagements aus dem Blick verloren werden. Daher muss darauf geachtet werden, dass trotz der technologischen Möglichkeiten die persönliche Interaktion weiterhin gepflegt wird. (Tasheva & Karpovich, 2024). Aber auch ethische Aspekte und rechtliche Rahmenbedingungen, wie z. B. Datenschutz und vor allem auch der AI Act, müssen im Blick behalten werden. (Siehe hierzu ausführlich Kap. 4). Ferner ist es wichtig, dass sich Personalverantwortliche selbst mit dem Thema KI beschäftigen und sich weiterqualifizieren.

3.2 KI im Marketing

Auch in Marketing und Absatz können KI bzw. KI-basierte Tools einen Beitrag zur Sicherstellung der Wettbewerbsfähigkeit von Unternehmen leisten.

Marketing wird heute als marktorientierte Unternehmensführung verstanden, also als ein umfassender Ansatz, der strategisches Denken und taktische Maßnahmen kombiniert, um den langfristigen Erfolg eines Unternehmens zu sichern. Das Ziel des Marketings ist es, die Bedürfnisse und Wünsche der Kunden zu erkennen und zu befriedigen. Potenzielle Kunden sollen auf das Unternehmen aufmerksam gemacht, aber auch bestehende Kunden an das Unternehmen gebunden werden.

In einem wettbewerbsintensiven Marktumfeld kann Marketing einen entscheidenden Vorteil bieten. Durch gezielte Marketingstrategien und den abgestimmten Einsatz des Marketing-Mix (Produkt-, Preis-, Kommunikations- und Distributionspolitik) können Unternehmen ihre Alleinstellungsmerkmale (USPs) hervorheben und sich von der Konkurrenz abheben. Abb. 3.2 zeigt die unterschiedlichen Aufgaben im Marketing-Mix.

Produktpolitik
- Produktmerkmale,
- Qualität,
- Sortimentszusammenstellung,
- Verpackung,
- Design,
- ...

Distributionspolitik
- Vertriebsorganisation,
- Kundenstrategien,
- Absatzwege,
- Logistik,
- Standort,
- ...

Kommunikationspolitik
- Kommunikationsstrategie, Entwicklung der Kommunikationsmittel,
- zeitliche Kommunikationsplanung,
- Budgetallokation,
- ...

Preispolitik
- Preisstrategien,
- Abschöpfung von Preisbereitschaft,
- Preisdifferenzierung,
- Rabatte,
- Zahlungsfristen,
- ...

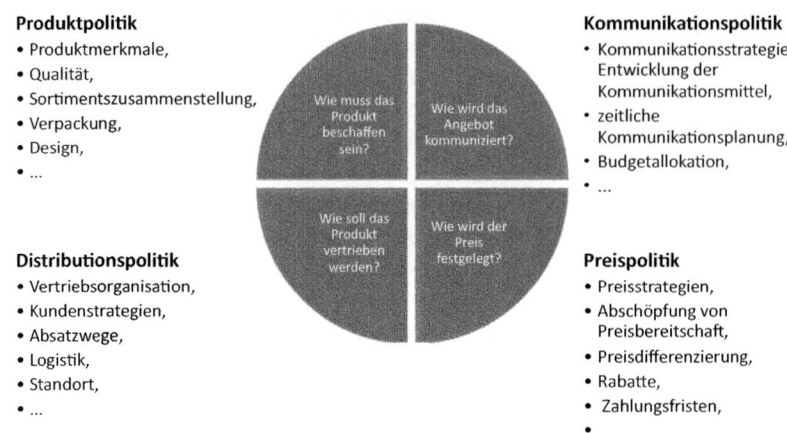

Abb. 3.2 Marketing-Mix

Im aktuellen Marktumfeld stehen Unternehmen vor einer Vielzahl von Herausforderungen, die sich aus technologischen, sozialen und wirtschaftlichen Entwicklungen ergeben und besondere Anforderungen an das Marketing stellen. Einige der wichtigsten sind:

- In einem globalisierten und durch schnelle technologische Entwicklung geprägten Wettbewerb stehen Unternehmen vor einem hohen Innovationsdruck und der Herausforderung, eine Markenloyalität aufzubauen sowie zu pflegen.
- Kunden werden aktuell mit einer Vielzahl von Kanälen durch ein Omnichannel-Marketing angesprochen, wobei eine konsistente und nahtlose Kundenerfahrung über verschiedene Kanäle sichergestellt werden muss. Dabei müssen neue Suchgewohnheiten, Devices oder Tools, wie z. B. Sprachsteuerung, berücksichtigt werden. Gleichzeitig sind Kunden mit einer Flut von Inhalten konfrontiert; es gilt – auch trotz kurzer Aufmerksamkeitsspannen und einer Flut von Inhalten – die Aufmerksamkeit der Kunden zu gewinnen. Neue Herausforderungen entstehen auch durch die Veränderung der Medienlandschaft, inklusiver neuer Algorithmen, neuer Plattformen oder der zunehmenden Bedeutung von Influencern.

3.2 KI im Marketing

- Im Marketing wird mit einer Vielzahl von personalisierten Daten gearbeitet. Es gilt nicht nur unterschiedliche Daten aus verschiedenen Quellen zusammenzuführen, sondern auch die Anforderungen von Datenschutz sowie Daten- und IT-Sicherheit zu berücksichtigen.
- Gleichzeitig lässt sich eine Veränderung im Verbraucherverhalten feststellen, welche sich unter anderem durch eine gestiegene Nachfrage nach nachhaltigen und ethisch hergestellten Produkten kennzeichnet, aber auch nach personalisierten sowie einzigartigen und positiven Kundenerlebnissen.
- Ein hoher Wettbewerbsdruck erfordert zudem effektive und effiziente Maßnahmen, weshalb Budgets optimiert und die Messbarkeit sichergestellt werden muss.

Unternehmen müssen effektiv auf die sich ständig verändernden Bedingungen und Erwartungen des Marktes reagieren. KI-basierte Tools können sowohl im strategischen als auch im operativen Marketing einen wichtigen Beitrag leisten. Ihr Mehrwert liegt vor allem in neuen Möglichkeiten von Datenanalyse, Personalisierung und Automatisierung, welche zu Kundengewinnung und -bindung, Effizienzsteigerung und Umsatzwachstum beitragen.

In der *Produktpolitik* ergeben sich vielfältige Einsatzmöglichkeiten, z. B. können durch eine Analyse von Kundenfeedback oder -verhalten Präferenzen identifiziert und darauf aufbauend Produkte optimiert oder personalisiert werden. Gleichzeitig kann KI die Ideenfindung und Konzeptentwicklung unterstützen. Eine Möglichkeit sind KI-basierte Social Listening Tools, welche Meinungen, Bewertungen und Kommentare zu Marken, Produkten, Themen oder Trends in den sozialen Medien, in Foren, Blogs oder anderen digitalen Plattformen überwachen und Erkenntnisse über Trends, den Wettbewerb oder Kundenbedürfnisse gewinnen. Dabei können nicht nur Texte, sondern auch Bilder zum Einsatz kommen und durch entsprechende Analysen auch mehrdeutige Botschaften oder die Intonation einer Nachricht interpretiert werden (Sentiment-Analyse) (Kreutzer, 2023, S. 257).

▶ Beispiele für Social Listening Tools sind:

- Talkwalker (Luxemburg, https://www.talkwalker.com/de/social-media-listening),
- Onclusive Social (USA, https://www.digimind.com/de/).

Auch in der *Produktentwicklung* kann KI unterstützen, beispielsweise bei der Generierung von Produktideen oder -variationen. Zugleich zeigt sich, dass die

Time-to-market durch KI verkürzt werden kann, z. B. durch Designunterstützung, aber auch in der Identifikation von Fehlern.

In Form innovativer Try-on-Tools können Kunden darüber hinaus in der Kaufentscheidung unterstützt werden, beispielsweise wenn Konsumprodukte, wie z. B. Haarfarben, am eigenen Bild getestet werden (Kreutzer, 2023).

> **Fallbeispiel: Augmented Mining mit Summetix**
>
> Summetix, ein Spinoff der TU Darmstadt, entwickelt eine KI-basierte B2B-Software, die Unternehmen dabei unterstützt, entscheidungsrelevante Information, wie z. B. Kundenfeedback, sehr schnell zu verarbeiten und Produktprobleme frühzeitig zu identifizieren.
>
> Mit Summetix lassen sich tiefgreifende Erkenntnisse aus einer Flut an Kundenfeedback aus nahezu allen internen und externen Kanälen (z. B. Social Media) gewinnen. Im Vergleich zur traditionellen Marktforschung gewinnen die Nutzer des KI-Tools von Summetix 6–9 Monate früher tiefgreifende Einblicke in Kundenmeinungen, wodurch Kosten gesenkt und dynamisch auf Veränderungen reagiert werden kann.
>
> Ziel von Summetix ist es ein Angebot zu schaffen, durch das es Unternehmen so einfach wie möglich gemacht wird, Feedback aus allen relevanten Kanälen ihres Reportings zu generieren, darauf aufbauend Schlussfolgerungen zu ziehen bzw. diese in Maßnahmen zu überführen. Durch die Software werden Daten nicht nur aus einer Vielzahl von Quellen analysiert, sondern es können Meinungen (was über ein Produkt gesagt wird) und Stimmungen erfasst werden. Darüber hinaus ermöglicht das Produkt, dass aktuelle Herausforderungen – wie Halluzinationen und Informationsmangel – überwunden und automatisch bspw. Präsentationen oder Executive Summaries über die zuvor extrahierten Inhalte erstellt werden. Die Informationen lassen sich unter anderem im Marketing, der Strategieentwicklung, im Monitoring und Benchmarking von Wettbewerberaktivität sowie in der Qualitätssicherung einsetzen.
>
> Das Angebot lohnt sich besonders für Unternehmen, die in besonderem Maße große Mengen an Feedback erhalten (bspw. B2C Unternehmen, wie Automobilhersteller, Konsumgüterhersteller, Reiseanbieter oder Flughäfen sowie Banken). Das System kann entweder als SAAS-Dashboard auf Grundlage von Sozialen Medien und Online-Medien genutzt werden oder in bestehende Lösungen integriert werden (etwa in CRM-Systeme, oder Dashboards auf Grundlage von Tableau, etc.). (Kaiser, 2024, persönliche Kommunikation)◄

3.2 KI im Marketing

In der *Preispolitik* ermöglicht Künstliche Intelligenz personalisierte und flexible Preisgestaltungen, indem sie Preise schnell an veränderte Rahmenbedingungen anpasst. Preisoptimierungssoftware und Dynamic Pricing können so den optimalen Preis in Abhängigkeit von aktuellen Gegebenheiten wie Lagerbestand, Nachfrage, Marktpreisen, Konkurrenz und Wetterbedingungen ermitteln. Darüber hinaus lassen sich Preise basierend auf der Kaufhistorie von Kunden anpassen, sodass individuelle Preise für verschiedene Kundengruppen, wie beispielsweise Langzeitkunden, erstellt werden können.

▶ Praxistipp: Tools zur Preisoptimierung sind z. B.

- Incompetitor (https://www.intelligencenode.com/solutions/by-need/price-optimization-intelligence/),
- Wise Athena (https://wiseathena.com/),
- Minderest (https://www.minderest.com/).

Auch die *Distributionspolitik* bietet Möglichkeiten für den Einsatz von KI, beispielsweise bei der Optimierung der Vertriebskanäle und Logistik durch eine Vorhersage der Kundennachfrage oder auch einer auf Kundendaten basierenden Standortanalyse für den stationären Vertrieb. Aber auch bei der automatisierten und effizienten Generierung neuer Leads kann KI zum Einsatz kommen.

> **Fallbeispiel: Automatisierte Generierung von Neukunden durch 24Leads**
>
> Als Produkt des im Rhein-Main-Gebiet ansässigen Startups Ainovate GmbH ist 24Leads ist ein innovatives Vertriebstool, das Unternehmen dabei unterstützt, die Lead-Generierung zu automatisieren und planbar zu machen. Durch den Einsatz KI-gestützter Technologien ermöglicht 24Leads die effiziente Identifikation potenzieller Kunden sowie eine einzigartige Bedarfsanalyse in der Zielgruppe. Die Lösung ist skalierbar und flexibel einsetzbar, wodurch sie sich sowohl für kleine als auch für große Unternehmen eignet.
>
> Kampagnen von 24Leads generieren über personalisierte Ansprache und intelligentem Webscraping neue Kundenanfragen. Der Fokus des Vertriebstools liegt dabei auf der Reduktion manueller Prozesse, was den Zeitaufwand und die Fehleranfälligkeit signifikant minimiert. So kann sich das Vertriebsteam eines Unternehmens auf die Kernprozesse sowie -fähigkeiten fokussieren und erhält eine steuerbare Quelle von Neukundenanfragen. B2B-Unternehmen aller Branchen profitieren von einer vollständig datengetriebenen

Lösung, die nicht nur die Qualität der Leads verbessert, sondern auch messbare Erfolge liefert. (Stankov, 2024, persönliche Kommunikation)◄

In der *Kommunikationspolitik* ergibt sich ein breites Spektrum an Anwendungsmöglichkeiten, welche nicht nur in der automatisierten Erstellung von Inhalten liegen, sondern auch der Analyse von Kundendaten. Beispielsweise können nicht nur Produkte mit KI personalisiert werden, sondern auch Marketingkampagnen und Werbeinhalte. Damit ist, im Vergleich zur Massenwerbung eine effektivere und effiziente Ansprache in Echtzeit möglich. Durch die Analyse von Daten, kann ein Verständnis über das Kaufverhalten und die Kundenbedürfnisse erzielt und darauf aufbauend individuelle Reaktionen, wie z. B. gezielte Produktempfehlungen, ermöglicht werden (Gentsch, 2019, S. 72).

Fortschritte sind in den letzten Monaten vor allem in der KI-basierten automatisierte Erstellung von Content (Text, Bild, Audio, Video) gemacht worden (Siehe hierzu die Darstellungen zu Basismodellen und Generativer KI in Kap. 2). Diese können für verschiedene digitale oder auch analoge Kanäle bzw. Formate (z. B. Tutorials, Produkttexte, Social Media Content) eingesetzt werden. Eine Automatisierung ermöglicht nicht nur eine kostengünstigere Produktion, sondern zugleich auch eine Personalisierung, die einzigartige und positive Kundenerlebnisse ermöglicht. Generative KI-Tools können dabei in zweierlei Hinsicht unterstützen: kreative Konzepte werden nicht nur in wenigen Minuten erstellt, sondern auch in Content, d. h. konkrete Ergebnisse überführt.

Fallbeispiel: Heinz Ketchup

Das Beispiel einer Marketingkampagne von Heinz Ketchup zeigt, wie die mit KI einhergehenden Herausforderungen auch aktiv genutzt werden können: Für eine Werbekampagne für Heinz Ketchup wurde der Bildgenerator DALL-E zur Erstellung von Ketchup-Flaschen in unterschiedlichen Situationen aufgefordert. Bei den Ergebnissen wurde deutlich, dass viele der Ergebnisse den Heinz-Flaschen sehr ähnlich sind. Die Marketing-Abteilung von Heinz entwickelte daraufhin den Slogan: „Genau wie die Menschen bevorzugt K.I. Heinz." (Keese & Waltle, 2024) (Abb. 3.3).

Diese Tatsache wurde nicht nur für eine Werbekampagne genutzt, sondern Kunden aufgefordert, eigene KI-generierte Bilder einzusenden. Die besten wurden in soziale Beiträge und Printanzeigen umgewandelt, wodurch eine vollständig durch KI-generierte Werbekampagne realisiert wurde (Campaigns of the world, 2022).

3.2 KI im Marketing

Abb. 3.3 This is what ketchup looks like to AI (Campaigns of the world, 2022)

Werbevideo zur Kampagne von Heinz Ketchup:
https://tinyurl.com/bxvtz6f4 ◄

KI-basierte Tools, welche auf der Basis von textbasierten Eingaben und ohne spezielle Kenntnisse, Texte, Bilder oder Videos erstellen, können im gesamten Spektrum der Kommunikation, beispielsweise in Newslettern oder sozialen Medien zum Einsatz kommen. Um den spezifischen Anforderungen der jeweiligen Zielgruppe oder auch individuellen Vorlieben gerecht zu werden, besteht die Möglichkeit, Variationen zu erstellen. Auf diese Weise können automatisiert und ohne hohe Kosten zielgruppenspezifische Inhalte erstellt werden. Ein Beispiel hierfür ist die Generierung von Videos in unterschiedlichen Sprachen, basierend auf einem Original oder die Anpassung von Post für verschiedene Plattformen (z. B. Facebook, Instagram, LinkedIn). In Bezug auf die interne und externe Kommunikation eröffnen sich dadurch immense Chancen, da aufwendige Produktionen vermieden werden können.

Fallbeispiel: Automatisierte Erstellung hochwertiger Texte mit Retresco

Retresco ist ein 2008 gegründetes Startup, das sich auf die automatisierte Erstellung hochwertiger Texte spezialisiert hat. Das Unternehmen mit Sitz in Berlin entwickelt KI-basierte Sprachtechnologien, die es Unternehmen, wie

z. B. MediaMarkt oder der Rheinischen Post, ermöglichen, effizient und skalierbar SEO-relevante, mehrsprachige und personalisierte Inhalte auf der Basis unterschiedlicher Daten zu generieren. Das Angebot kann beispielsweise eingesetzt werden für die Erstellung von Produktbeschreibungen, automatisch kuratierten Themenseiten oder Nachrichten: Der besondere Mehrwert liegt dabei darin, dass der zeitliche Fokus für die Texterstellung, das Redigieren und Nachbesserungen minimiert werden kann. (Retresco, o. J.)◄

Fallbeispiel: Luceena für die KI-gestützte Content-Erstellung

Luceena ist eine KI-gestützte Plattform für Marketing und Content-Erstellung, mit der Unternehmen ihren Kommunikationsprozess effizienter und kostengünstiger gestalten können. Die Software vereint sämtliche Schritte rund um digitale Kampagnen – von der Ideenfindung und Texterstellung über die Bildgenerierung bis zur kanalübergreifenden Veröffentlichung. Dank automatisierter Workflows, KI-Imaging und dynamischer Format-Anpassungen entfällt viel manuelle Arbeit, wodurch sich Content bis zu 80 % schneller umsetzen lässt. Noch läuft Luceena nicht vollständig und bedarf eines manuellen Setups.

Ein besonderer Vorteil der Anwendung ist die zentrale Steuerung: Statt verschiedene Tools für Text, Bildbearbeitung und Posting zu verwenden, deckt Luceena alles in einer übersichtlichen Oberfläche ab. Damit behalten Marketingteams und Agenturen auch bei vielen zeitgleichen Projekten und Kanälen stets den Überblick. Darüber hinaus stellt Luceena sicher, dass Markenvorgaben und Tonalität in allen Inhalten konsistent bleiben, was die Markenwahrnehmung nachhaltig stärkt.

Hinter Luceena steht das Team der agorate GmbH mit Sitz in Darmstadt, bestehend aus erfahrenen Marketing- und IT-Experten. Dank der Kombination verschiedener Expertise ist es möglich, eine benutzerfreundliche Oberfläche zu entwickeln, die klassische Agenturarbeit mit KI spürbar vereinfacht und beschleunigt. (Kunkel, 2025; persönliche Kommunikation).◄

Durch *Marktforschung* können Unternehmen besser verstehen, was ihre Zielgruppen wollen und brauchen, wie sich die Wettbewerber verhalten und welche Markttrends und -chancen entstehen. Dieses Wissen ermöglicht es, Produkte und Dienstleistungen zu entwickeln, die wirklich auf die Bedürfnisse der Kunden zugeschnitten sind. Voraussetzung für eine effektive Kundenansprache durch spezifische Botschaften ist z. B. eine detaillierte Zielgruppenanalyse. Hierzu können z. B. Daten über Kunden durch KI segmentiert werden, d. h. Muster in Daten

3.2 KI im Marketing

aus historischen Daten wie Transaktionen, Kundenstammdaten oder Klickverhalten ermittelt werden. Diese Daten können die Basis für diverse Analysen darstellen, z. B. zur Ermittlung von Kaufwahrscheinlichkeiten oder als Grundlage für Maßnahmen (Ermittlung optimaler Sendezeitpunkte oder Kommunikationskanäle sowie Personalisierungsgrad von Aktivitäten) (Kreutzer, 2023). Auch können z. B. aufgrund von Daten die Gefahr einer Abwanderung ermittelt werden und Kunden in Kündiger-Cluster gesammelt und durch entsprechende Maßnahmen bearbeitet werden (Wagener, 2023).

Chatbots
Ein Chatbot ist eine KI-basierte Anwendung, um menschliche Gespräche in natürlicher Sprache zu simulieren, wobei Ein- und Ausgabe per Sprachbefehl oder Text erfolgen kann. Der Austausch kann über verschiedene Schnittstellen verwendet werden, wie z. B. Messaging-Anwendungen, Websites, mobile Apps oder das Telefon bzw. Smart Speaker. (Post, 2022; Kreutzer, 2023, S. 39).

Sogenannte konversationelle KI-Agenten nutzen spezielle Benutzeroberflächen, um über klassische Chatbots hinausgehende Funktionen bereitzustellen. Sie sind eine Weiterentwicklung der rein textbasierten Kommunikationsschnittstellen, bei denen Ein- und Ausgabe in Textform erfolgt sind. Inzwischen wurden viele Chatbots zu konversationellen Oberflächen weiterentwickelt, die auch einen Dialog in gesprochener Sprache unterstützen und eine Tastatur überflüssig machen. Solche virtuellen Assistenten beobachten Verhaltensweisen, erstellen und pflegen Datenmodelle, prognostizieren und empfehlen Aktionen, um Menschen bei der Durchführung von Aufgaben zu unterstützen (Post, 2022; Kreutzer, 2023, S. 232).

Chatbots kommen insbesondere auch im Kundenservice zum Einsatz. Die automatisierten Supportsysteme haben den Vorteil einer 24/7-Erreichbarkeit, gleichbleibender Qualität wobei sie zudem häufig kostengünstiger als menschliche Kundenbetreuer sind und diese zudem von repetitiven Aufgaben entlasten. Diesen Vorteilen steht der Nachteil einer ggf. ungenauen Kommunikation sowie des persönlichen Kundenkontakts entgegen.

Chatbots können über spezielle Schnittstellen in bestehende Systeme angebunden werden, wobei die Kommunikation durch den Kunden initiiert sein kann (z. B. wenn dieser Probleme hat) oder proaktiv gestartet werden kann, z. B. initiiert durch einen Algorithmus (z. B. wenn ein Kunde nach einer Bestell-Abstinenz einen „Come-Back-Anstoß" erhält oder nach einer Reklamation der Zufriedenheitsgrad ermittelt wird).

Beim Einführen eines Chatbots sind diverse Faktoren zu beachten. Zunächst sollte analysiert werden, welche Ziele mit dem Chatbot verfolgt werden und ob und in welchem Maße er zur Kostensenkung oder zur Verbesserung der Kundenerfahrung beitragen kann. Im nächsten Schritt sind die Dialoge zu modellieren, die oftmals vorkommen und automatisierbar sind. Hierbei ist es wichtig, sowohl die Inhalte als auch die Tonalität der Gespräche zu berücksichtigen. Daraufhin muss geprüft werden, wie der Chatbot in den bestehenden Serviceprozess integriert werden kann. Hierzu zählt auch die Frage, welche Einstiegspunkte und Übergänge es gibt. So könnten beispielsweise Schlüsselbegriffe als Aktivierungskriterien dienen, die den Chatbot starten lassen oder eine Übergabe vom Kundenbetreuer zum Chatbot ermöglichen. Vor dem Praxiseinsatz sind umfangreiche Tests erforderlich, aber auch die laufende Überwachung der Qualität sollte gewährleistet werden. (Kreutzer, 2023, S. 239)

Bei der Wahl der Chatbot-Software sollte darauf geachtet werden, dass die vorab definierten Dialoge unterstützt werden, eine Integration neuer Dialoge in der gewünschten Qualität möglich ist und der Anbieter in der Lage ist, neue Entwicklungen und Datenquellen in die Software zu integrieren. (Kreutzer, 2023, S. 238)

> **Fallbeispiel: KI-basierte CRM-Systeme (z. B. Salesforce)**
>
> Die KI-gestützte Lösung Einstein von Salesforce nutzt Kundendaten, um wiederkehrende Muster zu erkennen und darauf basierend Prognosen und Handlungsempfehlungen für zukünftige Maßnahmen zu erstellen. Darüber hinaus erhalten Mitarbeiter Support durch den KI-Assistenten, um komplexe Kundenprobleme zu lösen oder personalisierte Produkte zu unterbreiten. Konkret analysiert das Tool die Daten des Customer-Relationship-Managements (CRM), um Muster zu erkennen, die erfolgreiche Geschäftsabschlüsse von verpassten Chancen unterscheiden. Darauf aufbauend werden Empfehlungen für vielversprechende Leads und strategische Maßnahmen abgeleitet.
>
> Der Einstein Copilot ist grundsätzlich mit bestimmten Funktionen in Salesforce integriert. Darüber hinaus können mit einer No-Code-Lösung, d. h. basierend auf natürlicher Sprache und ohne Programmierkenntnisse, zusätzliche KI-basierte Anwendungen auf die eigenen Bedürfnisse entwickelt werden.
>
> (Salesforce, o. J.)◄

Zusammenfassend lässt sich festhalten, dass KI im Marketing ein besonderes Potenzial aufweist. Studien zeigen, dass KI bzw. KI-basierte Tools als Ergänzung zu bestehenden Maßnahmen bereits intensiv eingesetzt werden und besondere Potenziale in diesem Bereich gesehen werden (Capgemini, 2023; Marconomy, 2024). Zum Einsatz kommen Tools für spezielle Aufgaben, aber auch integrierte Systeme.

Die Mehrwerte liegen in verschiedenen Bereichen. Erstens ermöglicht KI eine hochgradige Personalisierung von Werbekampagnen und Kundenerlebnissen, die auf das individuelle Nutzerverhalten und die Präferenzen zugeschnitten sind. Zweitens unterstützt KI die datengesteuerte Entscheidungsfindung, indem sie riesige Datenmengen verarbeiten und analysieren kann, um präzise Vorhersagen zu treffen und wertvolle Erkenntnisse zu gewinnen. Dies führt zu fundierteren und effektiveren Marketingstrategien sowie zur Prognose zukünftiger Trends und Nutzerverhalten. Drittens bieten KI-Systeme die Möglichkeit der Echtzeit-Optimierung von Kampagnen, indem sie diese basierend auf aktuellen Daten und Trends anpassen und optimieren. Viertens können viele zeitaufwendige Marketingprozesse durch KI automatisiert werden, was die Effizienz steigert und Ressourcen für kreative Aufgaben freisetzt. Fünftens erlaubt es die KI, Zielgruppen präziser anzusprechen als traditionelle Segmentierungsmethoden, indem ihre Algorithmen Zielgruppen genauer identifizieren. Schließlich trägt KI zur Kosteneffizienz bei, indem sie Streuverluste reduziert und Kampagnen optimiert, was die Marketingkosten senkt und den Return on Investment (ROI) verbessert.

3.3 KI in der Logistik

Auch wenn mit Logistik vor allem der Transport, ggf. auch Lagerung und Umschlag verbunden wird, steckt doch mehr hinter Logistik und Logistikmanagement. Gegenstand der Unternehmenslogistik ist die zielgerichtete integrierte Planung, Gestaltung, Abwicklung und Kontrolle des Material- und Erzeugnisflusses sowie des dazugehörigen Informationsflusses zwischen dem Unternehmen und den Lieferanten, innerhalb eines Unternehmens sowie zwischen dem Unternehmen und den Kunden des Unternehmens (Schulte, 2016, S. 1). Die entsprechenden Aufgaben werden auch in Abb. 3.4 dargestellt. Es wird deutlich: Ziel ist die Sicherung der bedarfsgerechten Verfügbarkeit von Objekten in unternehmensinternen und unternehmensübergreifenden Wertschöpfungs- und Entsorgungsketten. Als Logistikobjekte werden hierbei alle Materialien, Waren und Produkte angesehen. (Schulte, 2016, S. 1)

Die oben bereits aufgeführten Transport-, Umschlag- und Lagerleistungen werden dabei als die Grundfunktionen der Logistik (oft auch als Kernleistungen der Logistik bezeichnet) angesehen. Diese Leistungen werden aber durch weitere Zusatz- oder Informationsleistungen erweitert, sodass (unternehmens-)logistische Leistungen sehr vielfältig sind und durch deren Kombination eine enorme Komplexität entstehen kann.

Abb. 3.4 Die 7R der Logistik

Es muss
- das richtige Material oder Produkt
- in der richtigen Menge,
- in der richtigen Qualität bzw. im richtigen Zustand
- zum richtigen Zeitpunkt
- beim richtigen Empfänger bzw. am richtigen Ort
- mit den richtigen Informationen und
- zu den richtigen Kosten zur Verfügung stehen.

Der logistische Ansatz wird beim Supply Chain Management auf die gesamte Versorgungs- bzw. Lieferkette oder auch Wertschöpfungskette ausgedehnt und umfasst damit die materiellen und informationellen (aber auch finanziellen) Ströme entlang der gesamten Wertschöpfungskette. (Schuh, Hering & Brunner, 2013a, S. 1 ff.; Schuh, Stich & Helmig, 2013b, S. 209 ff.)

Entlang der gesamten Kette – idealtypisch vom Rohstofflieferant über die Produktentwicklung des Lieferanten und Herstellers, den Dienstleister bis zum Endkunden – erfolgt dann eine unternehmensübergreifende Koordination aller logistischen Aktivitäten und des Wertschöpfungsprozesses im Rahmen eines prozessorientierten Managementansatzes, der auf den *Endkunden* ausgerichtet ist.

- Wichtige Herausforderungen der Logistikbranche sind gekennzeichnet durch technologische Entwicklungen als auch durch globale Ereignisse und Veränderungen in den Kundenanforderungen.
- Wie schon aufgeführt, ist die Erbringung logistischer Leistungen durch eine hohe Komplexität gekennzeichnet. Die Ausgestaltung wird maßgeblich von verschiedenen Parametern wie Zeit, Ort sowie Kunden- und Lieferantenanforderungen beeinflusst. Dies zeigt sich insbesondere in der umfangreichen und komplexen Struktur von Supply Chains sowie der signifikanten Menge an Daten, die erforderlich sind, um die Bedürfnisse der Kunden zu erfüllen.
- Gleichzeitig sind Unternehmen mit Herausforderungen in Form eines Fachkräftemangels sowie eines Wettbewerbs- und Kostendrucks konfrontiert. Der Mangel an qualifiziertem Personal, beispielsweise an Lkw-Fahrern, stellt dabei eine erhebliche Problematik dar. Diese Entwicklung wird begleitet von einem Anstieg der Kosten auch für Kraftstoffe, Lagerung und Transport.

3.3 KI in der Logistik

- Die Erwartungshaltung von Kundinnen und Kunden hinsichtlich der Transparenz und Nachverfolgbarkeit von Bestellungen ist gegenwärtig sehr hoch, was hohe Anforderungen in Bezug auf Echtzeitsysteme sowie einen exzellenten Kundenservice mit sich bringt. Der E-Commerce-Boom führt zu einer erhöhten Nachfrage nach schnellen Lieferungen, beispielsweise Same-Day- oder Next-Day-Delivery. Dies führt zu einer erhöhten Drucksituation für Logistikanbieter, welche ihre Prozesse optimieren und eine Lösung für das sogenannte *„letzte-Meile-Problem"* finden müssen.
- Unternehmen sind dazu verpflichtet, ihre Umweltbelastung zu reduzieren, nachhaltige Praktiken umzusetzen, regulatorische Anforderungen einzuhalten und CO_2-Emissionen zu senken. Die Logistik- und Transportbranche steht dabei besonders im Fokus, da sie in hohem Maße zur Umweltbelastung beiträgt. Als Maßnahmen zur Gegensteuerung werden der Einsatz von Elektrofahrzeugen sowie eine *effizientere Routenplanung* erachtet. Die Einführung strengerer Vorschriften und Regulierungen, insbesondere derzeit auch durch das Lieferkettensorgfaltspflichtengesetz und die europäische Initiative (Corporate Sustainability Due Diligence Directive – CSDDD), führt zu einem erhöhten Aufwand und Kosten, da soziale und umweltbezogene Richtlinien in der gesamten Lieferkette eingehalten und berichtet werden müssen.
- Die jüngsten Ereignisse, darunter die globale Coronapandemie, Naturkatastrophen, geopolitische Spannungen und Blockaden, wie beispielsweise die Schließung des Suezkanals im Jahr 2021, verdeutlichen die Anfälligkeit von Lieferketten. Solche Störungen können zu Unterbrechungen der Produktion, Verzögerungen sowie erhöhten Kosten führen, was sich wiederum negativ auf die Kundenzufriedenheit auswirkt. Von entscheidender Bedeutung ist daher die frühzeitige *Identifikation von Störungen* sowie die Vorbereitung der Unternehmen auf derartige Ereignisse. Im B2B-Bereich sind maßgeschneiderte, flexible und vor allem auch reaktionsfähige Lieferketten erforderlich, um eine schnelle Anpassung an Markt- und Umfeldveränderungen zu gewährleisten.

Dies zeigt, dass die Logistik vor einem tiefgreifenden Wandel und großen Herausforderungen steht, dem auch mit Hilfe von KI begegnet werden kann. Durch die Fähigkeit von KI-Systemen beim Erkennen von Mustern, Analysieren von Daten, Planen und Entscheiden in verschiedenen Situationen und sogar Ausführen von Tätigkeiten entstehen Möglichkeiten im gesamten Logistikprozess sowohl unternehmensintern als auch unternehmensübergreifend.

Einen immensen Mehrwert im logistischen Bereich stellt die *Datenanalyse* mittels KI dar. Viele Daten in der Logistik aber auch in der gesamten Supply Chain sind zwar vorhanden bzw. wurden gesammelt, blieben aber bisher zum größten Teil ungenutzt. Mithilfe von KI lassen sich – basierend auf historischen und Echtzeit – nun strukturierbaren Daten und aktuellen Markttrends – präzisere Vorhersagen über verschiedene Bereiche und Unternehmensgrenzen hinweg treffen.

Mustererkennung kann vor allem im Bereich der Qualitätskontrolle und Schadenserkennung, als essentielle Aspekte in der Logistik, genutzt werden. So können KI-Systeme eingesetzt werden, um Schäden an Containern und Gütern automatisch zu erkennen. Dies geschieht durch den Einsatz von Bildverarbeitungstechnologien und maschinellem Lernen, die es ermöglichen, Schäden frühzeitig zu identifizieren und entsprechende Maßnahmen zu ergreifen.

> **Fallbeispiel: (Potenzielle) Anwendungen von Computer Vision in der Logistik**
>
> Computer Vision ermöglicht es Computern, aussagefähige Informationen aus digitalen Bildern, Videos und anderen Visuellen Eingaben zu gewinnen. Mögliche Anwendungsbereiche und Mehrwerte in der Logistik sind:
>
> - Eine automatisierte Inspektion der Fertigungs- und Verpackungsprozesse kann zur frühzeitigen Identifikation von Prozessfehlern beitragen und ermöglicht eine Anpassung der Prozessparameter.
> - Durch eine visuelle Erfassung von Packstücken kann die optimale Bestückung berechnet und die Ladung optimiert werden.
> - Eine Überwachung der Logistikrouten kann bei der Identifikation von Risiken helfen, z. B. von Unfällen, Unwettern.
> - Kollaborative Robotik, in welcher ein System entsprechend der Umgebung agiert, wird möglich durch eine Analyse der Systemumgebung durch Computer Vision.
>
> (Peitzmeier, 2024)◄

Vor allem auch durch das Zusammenspiel von Datenanalyse, Mustererkennung und *Planungs- und Entscheidungsfindung* (und -unterstützung) trägt die KI-Unterstützung zu wichtigen und ohne KI kaum möglichen Optimierungen bei, z. B. in der Routenoptimierung und Transportplanung. Hier können mit KI noch deutlich mehr Parameter, wie z. B. Wetter, Verkehr oder Beschaffenheit der Straßen aber auch Zustellfenster beim Kunden oder Kooperationspartner, berücksichtigt werden und die Planung in Echtzeit an aktuelle Begebenheiten angepasst werden (Tillmann, 2024; Murrenhof et al., 2021, S. 15). Durch diese deutlich umfassendere Routenplanung und -optimierung kann KI – z. B. durch eine Senkung des Kraftstoffverbrauchs und der Transportzeit – nicht nur zur Steigerung der Effizienz oder zur Steigerung der Pünktlichkeit beitragen, sondern auch zur Verbesserung der Nachhaltigkeit.

> **Fallbeispiel: KI-gesteuerte Optimierung von Heimlieferungen durch Green Convenience**
>
> Die innovative Anwendung der Green Convenience GmbH bietet eine Lösung für Onlinehändler und Paketdienste, um ineffiziente Heimlieferungen zu vermeiden. Das Start-up nutzt KI, Big Data-Analysen und State-of-the-art-Datenschutztechnologien, um sicher vorherzusagen, wann ein Lieferversuch erfolgreich sein wird. Datenschutztechnologien spielen dabei eine zentrale Rolle, sodass alle Daten konform verarbeitet werden.
>
> Das Kernstück der Technologie ist eine KI-basierte Anwesenheitsvorhersage, die erkennt, ob Kunden bei der Zustellung zu Hause sind. Falls eine Abwesenheit festgestellt wird, ermöglicht die Software eine automatische Routenänderung, bevor der Fahrer die Adresse erreicht. Dadurch lassen sich Lieferkosten, CO_2-Emissionen und Fehllieferungen deutlich reduzieren.
>
> Die zum Patent angemeldete Lösung von Green Convenience bietet einen spürbaren Mehrwert, indem sie den Zustellprozess auf der letzten Meile optimiert und gleichzeitig den weltweit besten Datenschutz gewährleistet. (Dauth, 2024, persönliche Kommunikation)◄

Aber auch mit guter Planung basierend auf guten strukturierten Daten können unvorhergesehene Ereignisse eintreten, welche Anpassungen erfordern. KI-basierte Echtzeitanalysen können in Verbindung mit digitalen Technologien zur Überwachung und Optimierung der Versorgungskette zu einer robusteren Lieferkettenplanung beitragen, aber auch Prognosen zu potenziellen Störfaktoren liefern. (Wischmann, 2024) Auf Basis der erfassten Daten sowie der zuvor erlernten Algorithmen ist die KI zudem in der Lage, Optimierungsvorschläge zu generieren, um den identifizierten Störfaktoren entgegenzuwirken.

KI kann weiterhin die Lagerhaltung optimieren, indem exakte Prognosen über Nachfragen und Bedarfe erstellt werden (Lundborg et al., 2023, S. 6; Tillmann, 2024). Dies trägt nicht nur zu einer Reduktion der Lagerhaltungskosten bei, sondern kann auch der Gefahr von Engpässen vorbeugen. Zudem kann KI die

Nutzung von Lagerflächen optimieren, indem sie die besten Lagerplätze für verschiedene Artikel basierend auf ihrer Größe, Gewicht und Umschlagshäufigkeit identifiziert (Tillmann, 2024).

> **Fallbeispiel: Optimierung der Lagerverwaltung für Leergutbehälter mittels KI-basierter Bildverarbeitung im Mittelstand**
>
> Ein Beispiel ist die Optimierung der Lagerverwaltung und des Behältermanagements für kundenspezifische und so unterschiedlich dimensionierte Transportbehälter bei einem Mittelständler, welches Elemente für die Automobilindustrie fertigt. Die Lagerführung und -verwaltung der Leergut- bzw. Transportbehälter, die insbesondere auch aufgrund von Erfahrungswerten der Mitarbeiter funktionierte, war fehleranfällig und zeitaufwendig. Mit Hilfe der auf Bildverarbeitung basierenden KI-Lösung werden von den Behältern an den Lagerstandorten im Unternehmen Aufnahmen gemacht, die Behälterarten erkannt und klassifiziert und so die Behälterbestände exakt überwacht. Die Behälter können dann passend zur Produktion bereitgestellt werden oder die Bestellung neuer Behälter beim Kunden erfolgt auf Basis realer Bestandsdaten und Prognosen. Ziel dieser KI-Lösung ist es, den Bestand der Behälter möglichst gering zu halten, wenig Lagerfläche in Anspruch zu nehmen und hierbei zugleich die Verfügbarkeit der Behälter jederzeit sicherzustellen. (Mittelstand-Digital Zentrum Ruhr-OWL, o. J.)◄

Im Bereich der *Aufgabenausführung* kann KI auch auf verschiedene Art und Weise unterstützen, z. B. können im Bereich Automatisierung von Lager(-prozessen) signifikante Verbesserungen erzielt werden. KI-gesteuerte Roboter können in Lagern den Ein- und Auslagerungsprozess automatisieren. Sie sind in der Lage, Waren schnell und präzise zu bewegen, wodurch die Effizienz gesteigert und Fehler reduziert werden. (Murrenhof et al., 2021) Vor allem (derzeit noch) unternehmensintern wird auch autonomes Fahren erprobt und angewandt.

> **Fallbeispiel: KI-gestützte automatische Depalettierung mittels Roboterführung**
>
> Der Roboter Palloc ist ein KI-gestütztes Roboterführungssystem für die automatische Depalettierung. Depalettierung. Das System verwendet eine 3D-Snapshot-Kamera und ein vortrainiertes neuronales Netz, um mithilfe von Deep-Learning-Algorithmen gestapelte Kartons zu erkennen und zu

3.3 KI in der Logistik

lokalisieren. Die integrierte Kamera unterstützt die Roboterführung bei unterschiedlichen Kartonabmessungen und -gewichten. Das System lässt sich in bestehende Automatisierungsumgebungen integrieren und kann an verschiedene Intralogistikanwendungen angepasst werden (Ahlers & Nieswandt, 2024). ◄

Potenziale zur Vereinfachung bestehen darüber hinaus in der Sprachsteuerung, z. B. in Bereichen, wie Transport, Disposition und Lagerprozessen. Ein potenzieller Anwendungsfall ist ein KI-basierter Logistikassistent, der mittels Sprachsteuerung Frachtbriefe verwalten kann, indem ein User-Interface mit einem Large Language Model kommunizieren kann. Innerhalb der Cloud-Infrastruktur wird der Sprachbefehl in Text umgewandelt, und der Logistikassistent kann nicht nur Dokumente anzeigen, sondern auch Daten auf Anfrage ändern. Diese Änderungen werden dann an ein zentrales Dokumentverwaltungssystem weitergeleitet, was schnellere Aktualisierungen und mehr Flexibilität in der Dokumentenverwaltung ermöglicht. (Kümmerlen, 2024)

Zusammenfassend lässt sich festhalten, dass die Anwendung von Künstlicher Intelligenz in der Logistik enorme Potenziale zur Steigerung der Effizienz und zur Reduzierung von Kosten bietet. Sie stellt sich auch aufgrund der Relevanz von komplexen Optimierungsproblemen als Zukunftstreiber dar (Murrenhof et al., 2021, S. 2). Möglichkeiten entstehen z. B. durch die Optimierung von Lieferketten, die Verbesserung der Routenoptimierung, der Transportplanung oder der Automatisierung von Lagerprozessen. KI ermöglicht zudem eine präzisere Bedarfsplanung, einen effizienteren Ressourceneinsatz und eine dynamische Anpassung an Verkehrssituationen, was zu einer insgesamt nachhaltigeren und wettbewerbsfähigeren Logistik führt. Die Potenziale liegen dabei nicht nur in der Automatisierung repetitiver Aufgaben, sondern auch der (visuellen) Echtzeitüberwachung, z. B. von Lagerbeständen, der Qualitätskontrolle und Schadenserkennung. Mithilfe von Daten, z. B. aus Transport-Management-Systemen können darüber hinaus Optimierungen vorgenommen werden, aber auch Risiken bewertet werden. (Sommerhäuser, 2024; Peitzmeier, 2024)

Obgleich der Potenziale gilt es zu beachten, dass derzeit vor allem größere Unternehmen von KI in der Logistik profitieren, bei denen die Komplexität bzw. der Umfang einer Aufgabe groß ist und ausreichend Daten vorhanden sind (Sommerhäuser, 2024). Dennoch ist davon auszugehen, dass Investitionen in KI einen wichtigen Beitrag zur Sicherung der Wettbewerbsfähigkeit leisten, insbesondere durch Effizienzsteigerungen, Optimierung von Prozessen, Predictive Maintenance sowie des Beitrags für das Risikomanagement (Melnikov, 2024).

Es zeigt sich, dass KI in unterschiedlichen Prozessschritten und Prozessen nutzbringend eingesetzt werden kann. Um die Potenziale abzuschöpfen, gilt es – auch aufgrund der Interdependenz der Logistik mit anderen Unternehmensbereichen – den Einsatz von KI nicht nur in Bezug auf einzelne Prozessschritte der Lieferkette zu prüfen. Vielmehr muss dieser in einem übergreifenden Kontext betrachtet werden. (Bilstein, 2024)

Eine Besonderheit von KI in der Logistik ist, dass durch die neue Technologie nicht nur einzelne Geschäftsprozesse effizienter ausgestaltet werden können. Vielmehr bietet KI das Potenzial für völlig neue Geschäftsmodelle und Services, welche von Startups angeboten und von etablierten Unternehmen in Anspruch genommen werden können. Beispiele, wie z. B. Green Convenience oder Wingcopter zeigen, wie eigene Prozesse von innovativen Diensten profitieren können.

Fallbeispiel: Lieferdrohne Wingcopter

Wingcopter ist ein deutscher Hersteller unbemannter, elektrisch angetriebener Lieferdrohnen sowie Anbieter von Drohnenlieferdiensten. Die unternehmerische Tätigkeit fokussiert sich auf die Optimierung medizinischer Versorgungsketten sowie auf die Logistik von essenziellen Gütern.

Die Drohne ermöglicht die Lieferung von Gütern in entlegene Regionen und schwer zugängliche Gebiete. Neben dem Aspekt des umweltfreundlichen Transports eröffnet sie Perspektiven hinsichtlich der Versorgung mit lebenswichtigen Gütern über große Distanzen sowie der Verbesserung der medizinischen Versorgung, beispielsweise durch die Versendung von Medikamenten oder von Laborproben. In Afrika werden Drohnen bereits zu verschiedenen Zwecken eingesetzt; für Japan wurde die Zulassung im Frühjahr 2024 beantragt.

Auch in Deutschland findet die Drohne bereits Anwendung: In Hessen wurde die Belieferung ländlicherer Gegenden im Rahmen eines Pilotprojekts evaluiert. Im Rahmen des Pilotprojekts wurden Lebensmittel, Medikamente und Haushaltsgüter per Drohne an einen festen Landeplatz versendet, von wo aus ein Weitertransport per Lastenrad erfolgte. Des Weiteren wurden in Projekten die Möglichkeiten der Lieferung von Gegenständen und Proben zwischen Niederlassungen eines Unternehmens eruiert.

Das im Jahr 2017 von Studierenden der TU Darmstadt gegründete Unternehmen hat bereits Kapital von 109,9 Mio. EUR eingesammelt.

(Wingcopter, o. J.)◄

3.4 KI im Rechnungswesen und Controlling

Das Rechnungswesen, oft auch als Buchhaltung oder Finanzbuchhaltung bezeichnet, ist ein zentraler Bestandteil der Betriebswirtschaftslehre und dient der systematischen Erfassung, Überwachung und Auswertung aller finanziellen Transaktionen eines Unternehmens (Weber, 2020, S. 15). Es umfasst verschiedene Teilbereiche, darunter die Finanzbuchhaltung, Kosten- und Leistungsrechnung, Planungsrechnung sowie das Controlling.

Es ist primär darauf ausgerichtet, Informationen über die finanzielle Lage und Leistung eines Unternehmens bereitzustellen. Diese Informationen dienen sowohl internen als auch externen Adressaten. Intern gehören hierzu das Management und verschiedene Abteilungen, die auf Grundlage der finanziellen Daten Entscheidungen treffen. Extern sind es insbesondere Investoren, Gläubiger, Finanzbehörden und andere Stakeholder, die ein Interesse an der finanziellen Stabilität und Leistungsfähigkeit des Unternehmens haben (Weber, 2020, S. 25). Mit dem Bereitstellen von präzisen und aktuellen Finanzinformationen bietet das Rechnungswesen die Grundlage für die fundierte Planung, Kontrolle und Steuerung der Unternehmensprozesse. Somit wird damit der Baustein zur langfristigen Sicherung des Unternehmenserfolgs gelegt.

Während das Rechnungswesen noch vornehmlich der Dokumentation und Berichterstattung dient, hat das Controlling eine weitergehende und strategische Funktion. Es nutzt u. a. die im Rechnungswesen erfassten Daten zur Analyse und zur Unterstützung der Unternehmensführung bei strategischen und operativen Entscheidungen (Möller & Illich-Edlinger, 2018, S. 45; Macharzina & Wolf, 2023, S. 473 f.). D. h. aus der funktionalen (aufgabenorientierten) Sicht eines datensammelnden Instruments entwickelt sich ein Hilfsmittel zur Zukunftsbewältigung, das institutioneller (aufgabenträgerbezogener) Natur ist. Entsprechend steht Controlling für Steuerung, Lenkung und Überwachung, wobei die Qualität der Entscheidungen wesentlich auf der Güte der Ergebnisse des Berichtssystems beruht. Demnach ist die grundlegende Verwendung der Daten des Rechnungswesens für die Steuerung von Geschäftsbereichen nachvollziehbar und hat sich in der Unternehmenspraxis etabliert (Trapp, 2012, S. 5; Macharzina & Wolf, 2023, S. 474). Informationsbereitstellung, deren Analyse sowie ein Ableiten der daraus resultierenden Erkenntnisse sind hierbei wesentliche Funktionen, die dem Controlling zugeschrieben werden und eine Feedforward-Orientierung ermöglichen.

Aktuelle Herausforderungen im Bereich des Rechnungswesens bestehen jedoch nicht nur in der Beschaffung von Daten, sondern auch in einem gestiegenen Kostendruck sowie sich wandelnder Rahmenbedingungen sowie gestiegener rechtlicher Anforderungen. Auch vor dem Hintergrund des Fachkräftemangels muss der Bereich damit kämpfen, dass Tätigkeiten stark durch repetitive und wenig anspruchsvolle Aufgaben gekennzeichnet ist, die in der Vergangenheit manuell ausgeführt wurden (Rückert, 2021).

Auch wenn die Anforderungen und die damit verbundenen Herausforderungen von KI hoch sind, können sowohl regelbasierte als auch lernende KI-Systeme einen Beitrag zur Lösung der aktuellen Herausforderungen leisten und Aufgaben oder gar Prozesse automatisieren. Zu beachten gilt dabei jedoch, dass KI-basierte Aufgaben revisionssicher sein müssen (Oehler, 2023).

Die Fähigkeiten KI-basierter Systeme können in verschiedenen Aufgaben der *Informationsbeschaffung und Datenerfassung* zum Einsatz kommen. Das breite Spektrum an Möglichkeiten liegt dabei u. a. in der Erstellung und Versendung von regelmäßigen Rechnungen, dem Abgleich von Rechnungsdaten mit Stammdaten, der automatisierten Klassifizierung und Ablage von Dokumenten, der digitalen Rechnungsverarbeitung mithilfe automatisierter Workflows oder der Identifikation und Korrektur von Fehlern. (Rückert, 2021).

Die Potenziale zeigt folgendes Beispiel: Benötigt ein Buchhalter durchschnittlich 2–4 min, um einen Vorgang zu erfassen, einzuordnen und zu verbuchen, so erledigen automatisierte Softwareanwendungen den identischen Vorgang innerhalb einer Minute. Mittels moderner KI reduziert sich dieser Prozess auf wenige Sekunden (Hmyzo & Muzzu, 2020, S. 104).

> **Fallbeispiel: Intelligente Buchhaltung mit HeyLara**
>
> Durchschnittlich 90 Tage im Jahr verbringen deutsche KMU mit der Erledigung buchhalterischer Aufgaben. Das fängt beim Schreiben von Rechnungen an, umfasst aber auch das Sammeln und ggf. Vorkontieren von Eingangsrechnungen, teilweise das Buchen und den Informationsaustausch mit dem Buchhalter, der entweder angestellt ist, der Unternehmer selbst ist oder ein Steuerberater.
>
> Will ein Unternehmer diese Leistung an einen Buchhalter oder Steuerberater übertragen, muss er feststellen, dass diese kaum verfügbar sind bzw. aufgrund von Überlastung und Fachkräftemangel für die Administration keine Neukunden mehr aufnehmen. Hier setzt HeyLara an: Gestartet als skalierbare KI-Lösung, die die Finanzbuchhaltung für KMUs übernimmt, ist das Produkt inzwischen so weit gereift, dass es auch direkt an Steuerberatungskanzleien verkauft wird. Dabei bietet HeyLara den KMU eine virtuelle Buchhalterin, die alle Belege entgegennimmt, verbucht und die Umsatzsteuervoranmeldung für die Unternehmen übernimmt. Als Ergebnis erhält der Unternehmer seine

3.4 KI im Rechnungswesen und Controlling

monatlichen Auswertungen, eine BWA, OPOS-Listen und vieles mehr. Die Erstellung ist nahezu vollständig automatisiert. Die virtuelle Buchhalterin, Lara genannt, sammelt selbständig die notwendigen Belege beim Unternehmer ein, beantwortet Fragen und liefert auch die Ergebnisse. Für den Unternehmer eine Entlastung, da er nun deutlich weniger Zeit für die unproduktive Buchhaltung aufwenden muss. Für die Steuerberater eine enorme Entlastung, da Lara einen Großteil der aufwendigen Kommunikation mit den Mandanten übernimmt, die notwendigen Informationen und Belege beschafft und fertige Buchungssätze erstellt. Steuerberatungskanzleien können so ihren Aufwand in der Finanzbuchhaltung für Mandanten deutlich reduzieren und wieder neue Mandate übernehmen. (Heinecke, 2024, persönliche Kommunikation)

Weitergehende Informationen:
Buchhaltung so einfach wie mit einem Freund chatten! (https://heylara.de/).◄

Aber auch in der Beschaffung von unternehmensinternen und -externen Daten kann KI zum Einsatz kommen, wobei als interne Datenquellen beispielsweise CRM-Systeme oder die Finanzbuchhaltung infrage kommen. Die besonderen Potenziale liegen dabei nicht nur in der Beschaffung bzw. dem Auffinden von Daten, sondern auch darin, dass diese – auch unter Nutzung generativer KI – aufbereitet werden. Der Vorteil von KI besteht unter anderem darin, dass Abfragen nicht nur auf der Grundlage von natürlichsprachigen Eingaben möglich sind, sondern auch, dass KI beispielsweise Inkonsistenten aufdeckt (Oehler, 2023).

In der jüngeren Vergangenheit hat sich die KI zu einem wichtigen Instrument der *Datenanalyse und -aufbereitung* entwickelt. Dabei können große Datenmengen aus unterschiedlichen Quellen verarbeitet werden und damit die Begrenzung der menschlichen Verarbeitungskapazität überwunden werden. Besondere Möglichkeiten bestehen in der Kombination aus unterschiedlichen Datentypen, wobei z. B. neben Texten auch Bilder verarbeitet werden können.

Die Grenzen der Leistungsfähigkeit klassischer Tools wie Excel sind schnell erreicht, wenn es beispielsweise darum geht, Muster zu erkennen oder Anomalien aufzuspüren. Mithilfe von KI-Algorithmen können umfangreiche Datensätze systematisch durchsucht und Muster sowie Zusammenhänge identifiziert werden. Unter Einsatz von generativer KI besteht zudem die Möglichkeit, dass die aufbereiteten Daten auch visualisiert und textlich aufbereitet werden, um sie für das Management verständlich und nutzbar zu machen. Die Informationen können nicht nur für regelmäßige Berichte eingesetzt werden, sondern auch für das laufende Monitoring. Hierbei kommen auch Datenvisualisierungstools zum Einsatz, die auf Echtzeitdaten zurückgreifen und komplexe Informationen in interaktiven Dashboards darstellen können (Oehler, 2023, S. 9 ff.).

Die durch die KI ausgelöste Transformation von Instrumenten verbessert *Prognosen* und erleichtert den *Entscheidungsprozess*.

KI-basierte automatisierte Vorhersagen mittels prädiktiver Analytik ermöglichen es, Unternehmen, auf der Basis detaillierter Analysen proaktiv zu agieren und zuverlässiger und reproduzierbarer Prognosen zu den unterschiedlichsten Themenbereichen, wie Kosten, steuerliche Werte, Forderungsausfälle und Liquidität zu erstellen. Studien zeigen, dass KI-Systeme eine höhere Prognosegenauigkeit bieten als menschliche Schätzungen basierend auf deren Erfahrungswerten (Behringer, 2021, S. 129).

Es können jedoch nicht nur Empfehlungen abgeleitet werden, sondern auch KI-basierte Entscheidungsregeln identifiziert bzw. bestehende Regeln optimiert werden. KI-gestützte Analytik von Daten und Datenmustern aus dem Rechnungswesen verbessern Prognosen und bilden damit die Grundlage für bessere strategische Entscheidungen des Managements (Grünbichler et al., 2023, S. 54). Besondere Potenziale bieten dabei auf natürlicher Sprache basierende Abfragen, welche nicht nur mehr durch einen dafür zuständigen Experten bereitgestellt wird, sondern im Sinne eines Self-Service abgerufen werden kann. (Oehler, 2023)

> **Fallbeispiel: Smart Insights und Just Ask Funktion der SAP Analytics Cloud**
>
> Beispielhaft werden einige Unterstützungsmethoden der SAP Analytics Cloud vorgestellt. Die SAP Analytics Cloud ist eine cloudbasierte Plattform für Analyse und Planung, die erweiterte Funktionen wie KI-gestützte Datenerkennung, -analyse, -visualisierung und -vorhersage bietet.
>
> Oft liegen Rohdaten in Textdateien oder Excelblättern vor. Die SAP Analytics Cloud hilft, diese nutzbar zu machen, sodass der Algorithmus Kennzahlen, Werte und Dimensionen erkennt und Analysen möglich sind. (Oehler, 2023) Mit der Just Ask-Funktion können Informationen interaktiv durch natürliche Sprachverarbeitung aufbereitet werden. Anwender können durch natürlichsprachliche Fragen Daten durchsuchen und analysieren, ohne dass sie einen Experten involvieren müssen. Hierdurch lassen sich nicht nur Antworten auf einfache Frage, wie z. B. nach dem Umsatz ermitteln, sondern auch spezifischere Daten, wie z. B. Umsatzentwicklung im Zeitablauf, Umsatz nach Regionen oder dem Gewinn verschiedener Produkte. Daten können dabei nicht nur in Tabellen, sondern auch als Charts zur Verfügung gestellt, sodass detailliertere Analysen möglich sind. (Oehler, 2023; SAP, o. J.b)

3.4 KI im Rechnungswesen und Controlling

Durch Smart Insights ist eine intelligente Abfrage möglich, die auch Erkenntnisse ermöglicht, die über die direkt sichtbaren Informationen hinausgehen. Hierzu zählen z. B. Änderungen von Datenpunkten im Zeitablauf, die Identifikation wichtiger Beitragenden für den Datenpunkt oder Informationen dazu, wie der Datenpunkt berechnet wird. Dabei werden textbasierte Erkenntnisse mit Visualisierungen kombiniert. (SAP, o.J.a)◄

Angesichts der weitreichenden Konsequenzen ist jedoch wichtig, dass die im Rechnungswesen und Controlling genutzten Ergebnisse erklärbar und nachvollziehbar sind, weshalb das Thema erklärbare KI (Explainable AI) eine besondere Bedeutung im Finanzwesen einnimmt (KPMG, 2024). Dies gilt insbesondere dann, wenn Informationen nicht nur als „Anregungsinformation", sondern als Entscheidungsgrundlage genutzt werden sollen.

Zusammenfassend lässt sich festhalten: Traditionell waren Rechnungswesen und Controlling von manuellen Prozessen und linearen Arbeitsabläufen dominiert. Neue Technologien, allen voran KI, verändern jedoch nicht nur Prozesse, sondern auch die Art und Weise, wie Finanzdaten verwaltet, analysiert und berichtet werden.

Die Integration von KI in Rechnungswesen und Controlling ermöglicht die Automatisierung von sich wiederholenden und routinemäßigen Aufgaben wie Dateneingabe, Abstimmung und Berichtserstellung, wodurch menschliche Buchhalter entlastet werden und sich auf strategischere Tätigkeiten konzentrieren können. Neben betrieblicher Effizienz spielt KI auch eine zentrale Rolle bei strategischen Entscheidungen. KI-gesteuerte Analysen bieten tiefe Einblicke in finanzielle Trends, was Buchhaltern und Unternehmensleitern fundiertere Entscheidungen ermöglicht. Dies führt zu einer besseren Ressourcenzuweisung, verbessertem Risikomanagement und einer optimierten Finanzstrategie. (Odonkor et al., 2024, S. 174)

> **Fallbeispiel: Eignung von Generativer KI im Controlling und Finance**
>
> In diversen Forschungsprojekten wurde die Eignung von generativen KI-Tools, insbesondere von ChatGPT 4 untersucht. Dabei wurde deutlich, dass Generative KI in den verschiedenen Anwendungsfällen eine sehr unterschiedliche Performance leistet. Die folgende Tabelle gibt einen Überblick über die Ergebnisse.
>
> Deutlich wird. dass für fast jede Controlling-Abteilung ein oder mehrere mögliche Use-Cases existieren. Geeignet sind aktuell vor allem Anwendungen im Bereich der begleitenden bzw. unterstützenden Aufgaben und weniger in

komplexen Datenanalysen oder -verarbeitungen. Konkret bedeutet dies, dass die KI verbalen Erklärungen, Zusammenfassungen oder der Generierung von Ideen eingesetzt werden kann. Bei mathematischen Berechnungen und quantitativen Analysen sowie der Erstellung von auf Daten basierenden Grafiken zeigen sich jedoch Schwächen (Mahlendorf, 2024) (Tab. 3.1).

◄

Wie auch in anderen Einsatzbereichen ist nicht davon auszugehen, dass KI den Abbau von Personal im Bereich von Rechnungswesen vorantreiben wird. Denn die Ergebnisse von KI-Tools müssen- zumindest stichprobenartig – überwacht werden. Anstelle eines Abbaus ist daher von einer Verschiebung von Aufgaben auszugehen, weg von einfachen, erstellenden Aufgaben hin zu verantwortungsvolleren Aufgaben (KPMG, 2024, S. 23; Rückert, 2021). Diese Verschiebung ermöglicht auch eine Aufwertung der Aufgaben, weg von rein verwalterischen Tätigkeiten in Richtung strategischen Aufgaben (Rückert, 2021).

Trotz der immensen Vorteile ist die Integration auch mit besonderen Herausforderungen und offenen Fragen konfrontiert, beispielsweise dahingehend, ob die KI-Anwendungen in bestehende Systeme integriert werden oder als gesonderte Lösungen bereitgestellt werden sollen (KPMG, 2024, S. 23) oder dahingehend, dass KI-basierte Aufgaben revisionssicher sein müssen (Oehler, 2023).

3.5 KI im strategischen Management

Strategisches Management ist ein zentraler Erfolgsfaktor für Unternehmen in einer zunehmend komplexen und dynamischen Welt. Nur wer die richtigen strategischen Weichen stellt, kann langfristig wettbewerbsfähig bleiben und Shareholder Value schaffen. Dabei geht es nicht um die Erstellung dicker Strategiepapiere, sondern um die Entwicklung und Umsetzung praxisrelevanter Strategien, die an den Bedürfnissen der Kunden ausgerichtet sind und die Stärken des Unternehmens optimal nutzen.

Grundsätzlich kann man das strategische Management aus zwei fundamentalen Perspektiven betrachten, wobei KI in beiden Fällen einen wichtigen Beitrag leisten kann.

Der Market-based view (Porter, 2001) betont die Bedeutung des Wettbewerbsumfelds, während der Ressource-based view (Barney, 2011) die Relevanz der internen Ressourcen und Fähigkeiten hervorhebt. In der Praxis sollten beide Perspektiven integriert werden, um die Attraktivität der Branche mit den Stärken

3.5 KI im strategischen Management

Tab. 3.1 Eignung Generativer KI im Controlling und Finance (Mahlendorf, 2024)

Konkreter Anwendungsfall	ChatGPT4 Performance
Erklären	
Accounting-Praktiken in Bezug auf Code of Conduct beurteilen	Ausgezeichnet
Regulatorische Anforderungen	Gut
Finance Chat Bot für Mitarbeiter	Gut
Chat with your data	Mittel
Ideen generieren	
Maßnahmen zur Profitabilitätssteigerung	Gut
Finance Prozesse anpassen, um Bitcoin-Transaktionen zu unterstützen	Gut
Globale Risiken identifizieren	Gut
Unterstützung bei der Auswahl von branchenspezifischen Prozessprüfungen für Wirtschaftsprüfer/Due Diligence	Gut
Zusammenfassen	
Sustainability Reports zusammenfassen	Gut
Excel Sensitivitätsanalysen	Gut
Doppel-Buchungen identifizieren	Gut
Berechnungen/Analysen	
Einfacher Cashflow aus Exceldaten	Gut
Ein Produkt Break-even	Gut
Profitabilitätsanalysen für verschiedene Geschäftsbereiche	Schlecht
Break-even für Sales Mix (mehrere Produkte)	Schlecht
Cashflow über 5 Jahre aus Exceldaten berechnen und Nettobarwert ermitteln	Schlecht
Jahresabschluss	
Erstellen von Gewinn- und Verlustrechnung (GuV) und Bilanz	Sehr schlecht
G&V mit fixen und variablen Kosten in Deckungsbeitragsrechnung überführen	Schlecht
Buchungssätze mit Berechnung	Schlecht
Diagramme erstellen	
BCG-Matrix	Sehr schlecht

des Unternehmens in Einklang zu bringen und so eine erfolgreiche Strategie zu entwickeln.

Der *Market-based view* geht davon aus, dass der Erfolg eines Unternehmens primär von der Attraktivität der Branche und der Wettbewerbsposition abhängt. Im Rahmen der Analyse der Branchenattraktivität werden Faktoren wie Wettbewerbsintensität, Eintrittsbarrieren und Kundenmacht untersucht, um darauf aufbauend Wettbewerbsstrategien zur Positionierung im Markt abzuleiten. Unternehmen sollten sich demnach auf die Anpassung an das Wettbewerbsumfeld konzentrieren. KI kann dabei einen immensen Mehrwert leisten, beispielsweise durch die Auswertung großer Mengen an Daten zu Wettbewerbsaktivitäten, Kundenfeedbacks und Marktinformationen. So kann KI frühzeitig Veränderungen erkennen, Wettbewerbspositionierung optimieren und Handlungsoptionen ableiten. Dadurch lässt sich die Anpassung an das Wettbewerbsumfeld verbessern und die Wettbewerbsfähigkeit steigern. Allerdings ist zu beachten, dass eine durchdachte KI-Strategie, die Marktanalyse, Daten, Technologie und Kompetenzen optimal aufeinander abstimmt, Voraussetzung für den Erfolg ist.

Auf der anderen Seite betont der *Ressource-based view* die Bedeutung der internen Ressourcen und Fähigkeiten für den Unternehmenserfolg. Zentral sind hier die Identifikation und Entwicklung von wertvollen, seltenen, schwer imitierbaren und nicht substituierbaren Ressourcen und Kompetenzen. Unternehmen sollten sich demnach auf den Aufbau einzigartiger Stärken konzentrieren, die einen nachhaltigen Wettbewerbsvorsprung ermöglichen. Strategien leiten sich aus den Ressourcen und Fähigkeiten ab. Durch die Analyse interner Daten zu Prozessen, Produkten und Mitarbeitern kann KI wertvolle, seltene und schwer imitierbare Stärken erkennen und Vorschläge zur Weiterentwicklung machen. So lässt sich der Aufbau nachhaltiger Wettbewerbsvorteile unterstützen und die Strategie optimal an den internen Ressourcen ausrichten. Voraussetzung dafür ist eine durchdachte KI-Strategie, die Ressourcenanalyse, Daten, Technologie und Kompetenzen optimal aufeinander abstimmt.

In der Praxis scheitert strategisches Management oft an mangelnder Umsetzung. Zu viele Unternehmen verlieren sich in der Analyse und Planung, ohne die Strategien konsequent umzusetzen. Andere fokussieren sich zu sehr auf die Optimierung des Tagesgeschäfts und vernachlässigen die langfristige strategische Ausrichtung (Rossberger, 2019, S. 26 ff.). Erfolgreiche Unternehmen zeichnen sich dagegen durch eine ausgewogene Mischung aus strategischer Weitsicht und operativer Exzellenz aus. Sie analysieren systematisch ihr Umfeld und ihre internen Stärken, entwickeln darauf aufbauend klare Strategien und setzen diese mit Disziplin und Ausdauer um. KI-basierte Tools können dabei auf verschiedene

3.5 KI im strategischen Management

Abb. 3.5 Ebenen und Phasen des Strategischen Management. (Quelle: In Anlehnung an Welge et al., 2017, S. 109 ff. und S. 197 ff.)

Ebenen des strategischen Managements
- Unternehmensebene
- Geschäftsfeldebene
- Branchenebene
- Makroebene

Phasen des strategischen Managements
- Strategische Analyse
- Strategische Planung
- Strategieformulierung und -bewertung
- Umsetzung der Strategie
- Kontrolle der Strategie

Art und Weise in den verschiedenen Ebenen des strategischen Managements unterstützen.

Auf der *Unternehmensebene* geht es um die Gesamtstrategie eines Unternehmens. Hier werden grundlegende Entscheidungen getroffen, wie z. B. in welchen Geschäftsfeldern man aktiv sein möchte, welche Ziele man verfolgt und wie man diese erreichen will. Wichtige Aspekte sind die Festlegung der Unternehmensmission und -vision, die Analyse der internen Stärken und Schwächen sowie der externen Chancen und Risiken. Basierend darauf werden Entscheidungen über Wachstum, Diversifikation, Restrukturierung oder Desinvestitionen getroffen (Abb. 3.5).

KI kann Unternehmen dabei unterstützen, durch die Analyse von Kundendaten, Vertriebsaktivitäten und Marktinformationen Vertriebschancen zu identifizieren, Angebote zu personalisieren und Verkaufsprozesse zu optimieren. So lässt sich die Vertriebseffizienz steigern und die Kundenzufriedenheit erhöhen, was sich positiv auf den Unternehmenserfolg auswirkt. Voraussetzung dafür ist eine durchdachte KI-Strategie, die Geschäftsziele, Daten, Technologie und Mitarbeiterkompetenzen optimal aufeinander abstimmt.

Fallbeispiel: KI-basierte Unterstützung mit Tableau

Tableau bietet im strategischen Management wertvolle Unterstützung, indem es datenbasierte Entscheidungen erleichtert und die Effizienz von Geschäftsprozessen optimiert. Der Einsatz von KI ermöglicht dabei tiefere Einblicke, automatisierte Analysen und die Visualisierung großer Datenmengen (Abb. 3.6).

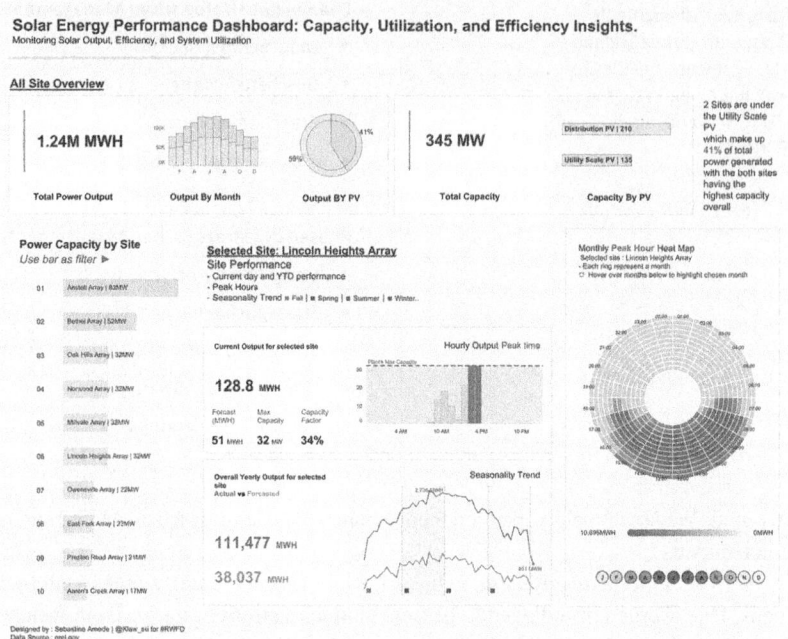

Abb. 3.6 Solar Energy Performance Dashboard #RWFD. (Quelle: Tableau, 2024)

Tableau hilft Führungskräften dabei, große Datenmengen in klare, interaktive Visualisierungen umzuwandeln, sodass Entscheidungen auf aktuellen und präzisen Informationen basieren können. Mit KI kann Tableau Muster schneller erkennen und vorhersagen, was für strategische Überlegungen und rasches Handeln unerlässlich ist. Mithilfe des Tools können Unternehmen ihre strategischen Initiativen präzise definieren und KPIs festlegen, die Fortschritte transparent darstellen. Diese Funktionen fördern nicht nur Verantwortlichkeit, sondern schaffen durch KI-basierte Prognosen eine langfristigere Planungssicherheit. Gleichzeitig erlaubt Tableau eine einfache Anbindung an verschiedene Datenquellen wie Cloud-Anwendungen und Big-Data-Systeme, was eine nahtlose Datenerfassung aus sämtlichen Unternehmensbereichen ermöglicht. KI-gestützte Algorithmen analysieren diese Datenquellen, erkennen Muster und decken verborgene Zusammenhänge auf, die für die Entscheidungsfindung entscheidend sind.

3.5 KI im strategischen Management

Durch eine gemeinsame Plattform, die Datenanalysen zugänglich macht, fördert Tableau die Kollaboration zwischen Abteilungen. Mithilfe von KI-gestützten Analysen können Teams Einblicke teilen und Szenarien testen, was zu fundierteren, strategischen Entscheidungen führt und eine agile Unternehmenskultur unterstützt. ◄

Auf der *Geschäftsfeldebene* erfolgt eine Betrachtung der Wettbewerbsstrategien einzelner Geschäftseinheiten. Hier stehen Fragen im Vordergrund wie: Wie kann man sich von Wettbewerbern abheben und einen Wettbewerbsvorsprung aufbauen? Soll man z. B. über Kostenführerschaft, Differenzierung oder Nischenstrategie am Markt agieren? Welche Ressourcen und Fähigkeiten braucht es dafür? Wie kann man Synergien zwischen den Geschäftsfeldern nutzen? KI kann dabei auf verschiedene Art und Weise helfen, beispielsweise können durch die Analyse von Kundendaten, Vertriebsaktivitäten und Marktinformationen Vertriebsmitarbeiter dabei unterstützt werden, Vertriebschancen zu identifizieren, Angebote zu personalisieren und Verkaufsprozesse zu optimieren. So lässt sich die Vertriebseffizienz steigern und die Kundenzufriedenheit erhöhen, was sich positiv auf den Geschäftserfolg auswirkt.

Auf der *Branchenebene* geht es um die Analyse und Bewertung der Branche und des Wettbewerbsumfelds. Hier werden Fragen beantwortet wie: Wie attraktiv ist die Branche? Wie ist die Wettbewerbsintensität? Welche Trends und Treiber beeinflussen die Branche? Welche Eintrittsbarrieren und Wechselkosten gibt es? Welche Macht haben Lieferanten und Kunden? Basierend darauf können Unternehmen ihre Positionierung in der Branche optimieren. KI kann beispielsweise unterstützen durch die Analyse von Produktionsdaten. Zudem können Produktionsplanungen optimiert, Lieferengpässe vorhergesagt und alternative Lieferoptionen identifiziert werden. So lässt sich die Effizienz und Resilienz der Lieferketten steigern, was sich positiv auf die Wettbewerbsfähigkeit der gesamten Branche auswirkt.

Auf der *Makroebene* geht es um die Analyse des gesamtwirtschaftlichen Umfelds. Hier werden Faktoren wie die allgemeine Wirtschaftslage, politische und rechtliche Rahmenbedingungen, technologischer Fortschritt, sozio-kulturelle Trends und ökologische Aspekte betrachtet. Diese Faktoren beeinflussen indirekt die Attraktivität von Branchen und Geschäftsfeldern und müssen bei der Strategieentwicklung berücksichtigt werden. Möglichkeiten für KI entstehen durch die Auswertung von Daten zu Wirtschaftsentwicklung, Geopolitik, Technologie und Nachhaltigkeit. Unternehmen können damit unterstützt werden, frühzeitig

Chancen und Risiken zu identifizieren, Szenarien zu entwickeln und Strategien anzupassen. So lässt sich die Resilienz und Wettbewerbsfähigkeit von Unternehmen in einem volatilen Umfeld erhöhen.

Aber auch in den unterschiedlichen Phasen des strategischen Managements kann KI einen Mehrwert erbringen:

In der *Analysephase* werden die internen Stärken und Schwächen des Unternehmens sowie die externen Chancen und Risiken des Umfelds systematisch untersucht. Dazu gehören u. a. die Analyse der Unternehmensziele, der Ressourcen und Fähigkeiten, der Wettbewerber, der Branchenattraktivität und der Makrotrends. Basierend darauf werden Schlüsselprobleme und -erfolgsfaktoren identifiziert. Durch die Analyse großer Mengen an Marktdaten, Wettbewerbsinformationen und Kundenfeedbacks kann KI frühzeitig Veränderungen erkennen, Szenarien entwickeln und Handlungsoptionen ableiten. So lässt sich die Entscheidungsgrundlage für die strategische Ausrichtung verbessern und die Reaktionsfähigkeit auf Marktveränderungen erhöhen.

In der *Planungsphase* werden die strategischen Ziele auf Unternehmens- und Geschäftsfeldebene festgelegt. Darauf aufbauend werden alternative Strategien entwickelt und bewertet. Wichtige Fragen sind: Welche Ziele wollen wir erreichen? Welche Strategien führen am besten zum Ziel? Welche Ressourcen und Kompetenzen braucht es dafür? Welche Risiken bergen die Strategien?

Die KI-basierte Analyse großer Mengen an Marktdaten, Wettbewerbsinformationen und Kundenfeedbacks ermöglicht es, verschiedene Zukunftsszenarien zu simulieren, deren Auswirkungen auf die Unternehmensziele zu berechnen und Handlungsoptionen abzuleiten. So lässt sich die Entscheidungsgrundlage für die strategische Ausrichtung verbessern und die Robustheit der Strategie gegenüber Marktveränderungen erhöhen.

In dieser Phase werden die ausgewählten Strategien detailliert ausgearbeitet und bewertet. Hier geht es um die konkrete Ausgestaltung der Strategien auf Unternehmens- und Geschäftsfeldebene. Wichtige Aspekte sind die Ableitung von Maßnahmen, die Festlegung von Verantwortlichkeiten und Terminen sowie die Abschätzung der Kosten und Erträge. Basierend darauf erfolgt eine finale Bewertung und Auswahl der Strategien.

Durch die Analyse großer Mengen an Marktdaten, Finanzkennzahlen und Expertenwissen kann KI verschiedene Strategiealternativen simulieren, deren Auswirkungen auf Finanzen, Kunden und Prozesse berechnen und Handlungsempfehlungen ableiten. So lässt sich die Entscheidungsgrundlage für die Strategiewahl verbessern und die Erfolgswahrscheinlichkeit der Strategie erhöhen.

In der *Umsetzungsphase* werden die ausgewählten Strategien in die Tat umgesetzt. Hier geht es um die Übersetzung der Strategien in operative Pläne und

3.5 KI im strategischen Management

Maßnahmen. Wichtige Aspekte sind die Anpassung der Organisationsstruktur, die Entwicklung von Fähigkeiten und Kompetenzen, die Motivation und Führung der Mitarbeiter sowie die Allokation von Ressourcen. Nur wenn die Strategien konsequent umgesetzt werden, können die angestrebten Ziele erreicht werden. Durch die Analyse von Daten zu Projektstatus, Kennzahlen und Mitarbeiterleistung kann KI frühzeitig Abweichungen von der Planung erkennen, Ursachen identifizieren und Korrekturmaßnahmen vorschlagen. So lässt sich die Effektivität und Effizienz der Strategieumsetzung steigern und die Zielerreichung sicherstellen.

In der *Kontrollphase* wird überprüft, ob die Umsetzung der Strategien wie geplant verläuft und die angestrebten Ziele erreicht werden. Dazu werden Soll-Ist-Vergleiche durchgeführt und Abweichungen analysiert. Wichtige Fragen sind: Erreichen wir unsere Ziele? Wo gibt es Probleme bei der Umsetzung? Müssen wir Anpassungen vornehmen? Basierend darauf können Korrekturmaßnahmen eingeleitet und die Strategie kontinuierlich weiterentwickelt werden. Die Analyse von Daten zu Projektstatus, Kennzahlen und Mitarbeiterleistung ermöglicht es KI, potenzielle Abweichungen von der ursprünglichen Planung frühzeitig zu identifizieren, deren Ursachen zu ermitteln und entsprechende Korrekturmaßnahmen vorzuschlagen.

> **Fallbeispiel: Verbesserung der Geschäftsprozesse mit Celonis**
>
> Celonis ist ein 2011 in München gegründetes Technologieunternehmen, das sich auf Process Mining und Prozessintelligenz spezialisiert hat. Das Unternehmen entwickelt Software, die Unternehmen dabei hilft, ihre Geschäftsprozesse zu analysieren, zu visualisieren und zu optimieren. Celonis integriert zunehmend KI-Technologien in seine Lösungen, um die Prozessanalyse und -optimierung zu verbessern. Der Einsatz von KI ermöglicht es Celonis, tiefere Einblicke in Geschäftsprozesse zu gewinnen, Verbesserungspotenziale automatisch zu identifizieren und Prozessoptimierungen vorzuschlagen und teilweise zu automatisieren.
>
> Ein Beispiel dafür ist AgentC. Dabei handelt es sich um eine Suite von KI-Tools, Integrationen und Partnerschaften, die es Anwendern der Celonis Technologie ermöglicht, selbst KI-Agenten auf Plattformen von Partnern zu entwickeln oder von Partnern vorkonfigurierte KI-Agenten zu nutzen. All diese KI-Agenten werden durch die Prozessintelligenz von Celonis unterstützt und zielen darauf ab, Anwendern eine vollständige Transparenz darüber zu geben, wie das eigene Unternehmen arbeitet und wie es effizienter gestaltet werden kann. Die Prozessintelligenz von Celonis liefert die Daten und den relevanten Geschäftskontext, um Prozesse über Systeme, Abteilungen

und Organisationen hinweg zu verbessern. Sie umfasst nicht nur eine Vielzahl von Systemen, sondern unterstützt mit ihrem umfassenden Kontextwissen den erfolgreichen Einsatz von KI sowie eine intelligente Orchestrierung und moderne Cloud-Anwendungen. (Celonis, 2024)◄

Trotz vielfältiger Potenziale: Die Hauptaufgabe des strategischen Managements, nämlich die Definition der Vision und Ziele eines Unternehmens, bleibt ebenso wie die originäre unternehmerische Schaffenskraft vorerst eine menschliche Domäne. Potenziale bestehen vor allem in der Analyse großer Datenmengen, wobei Einschränkungen im Hinblick auf die Komplexität zu beachten sind. Mehrwerte resultieren insbesondere auch dadurch, dass Tools eine systematische Datenintegration aus verschiedenen Quellen ermöglichen und diese systematisch durch KI genutzt werden kann.

> **Fallbeispiel: Amazon Q als Analyse- und Strategietool**
>
> Amazon Q kann das strategische Management auf verschiedenen Ebenen integrativ unterstützen. Auf der Unternehmensebene kann Q Informationen aus sehr vielen unterschiedlichen internen und externen Datenquellen zusammentragen, um Entscheidungsgrundlagen für die Festlegung von Vision, Mission und Zielen zu liefern. Das Problem ist, dass Unternehmen in der Regel sehr viele Tools und Anwendungen nutzen und Mitarbeiter aufwendig nach verschiedenen Informationen suchen müssen. Der Vorteil von Q liegt insbesondere auch darin, dass dieser fragmentierte Ansatz durch einen optimierten Informationszugriff überwunden werden kann und zeitaufwendige Suchen auf mehreren Plattformen obsolet werden.
>
> Auf Geschäftsfeldebene hilft Q beispielsweise bei der Analyse von Wettbewerbssituationen, Markttrends und Kundenanforderungen zur Ableitung von Strategien. Zudem kann Q Aufgaben wie Berichtserstellung, Dokumentation und Inhaltserstellung übernehmen und so Managementkapazitäten für höherwertige Tätigkeiten freisetzen. Insgesamt stellt Amazon Q einen leistungsfähigen und vielseitigen Assistenten dar, der das strategische Management durch Informationsbereitstellung, Analysen und Automatisierung unterstützt, ohne jedoch den menschlichen Strategen zu ersetzen. (AWS, o. J.a)◄

Dies bedeutet, dass KI, sobald effektive Prozesse implementiert sind, das strategische Management auf nahezu allen Ebenen umfassend unterstützen und diverse Aufgaben übernehmen kann. Eine starke Kombination stellt eine strategische

3.5 KI im strategischen Management

Geschäftsführung dar, die in der Lage ist, KI sinnvoll zu integrieren und zu nutzen. Während KI allein keine kompetente strategische Führung ersetzen kann, scheint ein mittleres Leistungsniveau bereits erreichbar zu sein. Eine schwache strategische Führung hingegen, die es versäumt, sich angemessen mit den Möglichkeiten und Veränderungen durch KI auseinanderzusetzen, wird mit hoher Wahrscheinlichkeit an Wettbewerbsfähigkeit einbüßen.

▶ **Praxistipp: Kriterien für die Auswahl von KI-Tools für das strategische Management**
Bei der Auswahl eines KI-Tools für das strategische Management ist es wichtig, mehrere Kriterien zu beachten, um sicherzustellen, dass das Tool den spezifischen Anforderungen und Zielen des Unternehmens entspricht.

Zunächst sollte die **Datenintegration** gewährleistet sein, sodass sich das KI-Tool nahtlos in die vorhandenen IT-Systeme und Datenquellen einfügt und so einen reibungslosen Datenfluss ermöglicht. Hierzu muss eine Auswahl der Daten erfolgt sein, welche für das strategische Management von Bedeutung sind.

Die **Benutzerfreundlichkeit** spielt ebenfalls eine zentrale Rolle: Eine intuitive Bedienung und eine geringe Lernkurve sorgen dafür, dass Mitarbeiter das Tool schnell und effizient nutzen können, ohne langwierige Schulungen zu durchlaufen.

Auch die **Funktionalität** muss den Anforderungen des strategischen Managements gerecht werden: Dazu gehören beispielsweise Szenarioanalysen, prädiktive Analysen und Funktionen zur Entscheidungsunterstützung. Da Unternehmen mit sensiblen Daten arbeiten, ist zudem die Rechts- und Datensicherheit entscheidend. Zudem sollte der Anbieter Unterstützung und Schulung bereitstellen, damit die Funktionen bestmöglich genutzt werden können.

Weitere wichtige Kriterien sind **Skalierbarkeit** und **Zukunftssicherheit**. D. h. das Tool sollte in der Lage sein, mit dem Wachstum des Unternehmens mitzuwachsen und sich an veränderte Anforderungen flexibel anzupassen. Darüber hinaus sollte der Anbieter regelmäßige Updates und Verbesserungen bereitstellen, um die technische Aktualität des Tools zu gewährleisten.

Handlungsempfehlungen zur Einführung einer KI-Strategie

4

▶ **Trailer**
Eine strategische Einführung in Unternehmen ist essenziell, um die Potenziale von Künstlicher Intelligenz gezielt sowie nachhaltig zu nutzen und Risiken sowie Kosten zu begrenzen. Dafür ist zunächst eine umfassende Analyse der Rahmenbedingungen erforderlich. Dazu gehören ethische, rechtliche sowie kulturelle Aspekte, die den Einsatz von KI beeinflussen.

Auf dieser Grundlage sollten Unternehmen systematisch mögliche Use Cases identifizieren. Diese werden anschließend bewertet, um den wirtschaftlichen Nutzen, die technische Machbarkeit und potenzielle Risiken abzuwägen. Durch diesen strukturierten Ansatz kann sichergestellt werden, dass KI nicht nur als punktuelles, sondern als strategisches Instrument zur Wertschöpfung und Effizienzsteigerung im Unternehmen verankert wird. Gleichzeitig gilt es aber auch, das laufende Management der KI-Systeme im Blick zu behalten und die Organisation und Mitarbeiter entsprechend vorzubereiten.

In den letzten Jahren hat die rasante Entwicklung im Bereich der KI das Potenzial von Unternehmen in nahezu allen Branchen revolutioniert. Treibende Kräfte hinter diesen Innovationen sind vor allem die Verfügbarkeit großer Datenmengen, neue und effizientere Algorithmen sowie der Einsatz leistungsfähiger Recheninfrastrukturen. Diese Fortschritte haben nicht nur zu wegweisenden technologischen Innovationen geführt, sondern auch die breite Verfügbarkeit von KI-Tools ermöglicht, die nun von einer wachsenden Anzahl von Nutzern in den Unternehmen eingesetzt werden.

Diese KI-Anwendungen, die sich oftmals dem Bereich der generativen KI zuordnen lassen bzw. generative KI verwenden, werden zunehmend von Mitarbeitenden genutzt, um alltägliche Aufgaben effizienter zu gestalten. Dazu zählen Tools zur Erstellung von Präsentationen, zur Übersetzung von Texten oder zur Überarbeitung von Inhalten. Eine in der Schweiz durchgeführte Studie des Beratungsunternehmens Deloitte (2023) ergeben, dass 61 % aller Befragten, die mit einem Computer arbeiten, generative KI-Tools im beruflichen Alltag nutzen, teilweise auch ohne das Wissen des Unternehmens. Dies zeigt nicht nur, dass KI mittlerweile fester Bestandteil der Arbeitsweise vieler Mitarbeiter geworden ist, sondern auch die Gefahr einer inoffiziellen Verbreitung von KI innerhalb von Unternehmen durch die Nutzung über private Accounts. Die nicht autorisierte Nutzung von KI-Tools wird oftmals auch als Schatten-KI bezeichnet.

Auch wenn der flexible Einsatz von KI-Tools auf individueller Ebene kurzfristig Vorteile bringen kann, birgt er jedoch auch erhebliche Risiken, wenn er unkoordiniert und ohne übergeordnete Strategie erfolgt. Bisher scheinen viele Unternehmen keinen klaren Plan zu haben, wie und in welchem Umfang KI in ihren Geschäftsprozessen integriert werden soll. So zeigt eine Studie aus dem Jahr 2024, dass 47 % der befragten Unternehmen noch immer ohne eine definierte KI-Strategie agieren. Selbst unter jenen Unternehmen, die KI bereits einsetzen, verfolgen 40 % keine strategische Einordnung des Themas (Paefgen-Laß, 2024).

Ohne eine klare Struktur kann der KI-Einsatz zu einem „Wildwuchs" führen, bei dem einzelne Personen oder verschiedene Abteilungen unterschiedliche Tools und Ansätze verfolgen, ohne dass das volle Potenzial von KI ausgeschöpft wird. Dadurch entsteht die Gefahr unnötiger Kosten, wenn Lizenzen für unterschiedliche Systeme mehrfach gekauft werden oder redundante Schulungen erforderlich werden. Zugleich erhöht sich das Risiko, wenn Themen wie Datensicherheit, ethische Bedenken oder die Effizienz des Einsatzes vernachlässigt werden.

Um KI erfolgreich in die Unternehmenslandschaft zu integrieren, bedarf es einer systematischen und bereichsübergreifenden Strategie. Der Einsatz von KI sollte nicht als isolierte Entscheidung einzelner Mitarbeiter oder Abteilungen verstanden werden, sondern als zentrale strategische Unternehmensentscheidung bei der – basierend auf einer umfassenden Status-quo-Analyse – gezielt eine Auswahl an Use Cases und Tools erfolgen sollte. Dabei muss auch der laufende Betrieb der KI-Systeme und -Tools sichergestellt werden. Eine solche Vorgehensweise ermöglicht eine bessere Nutzung der vorhandenen Ressourcen und minimiert gleichzeitig die Risiken eines unkontrollierten Einsatzes.

4.1 Status-quo-Analyse

Bevor eine vertiefte Auseinandersetzung mit den Einsatzmöglichkeiten erfolgen kann, ist es entscheidend, zunächst grundlegende Informationen über den aktuellen Status und die relevanten Rahmenbedingungen des Unternehmens zu sammeln. Dazu gehören nicht nur rechtliche Vorgaben und ethische Überlegungen, sondern auch eine Bewertung der Bereitschaft und Fähigkeit des Unternehmens, KI in den Produkten und Prozessen aufzunehmen.

4.1.1 Rechtliche Rahmenbedingungen

KI stellt Nutzer und Entwickler aus rechtlicher Perspektive vor mehrere Herausforderungen. Dies liegt nicht nur darin begründet, dass der rechtliche Rahmen für die KI-Entwicklung und Nutzung noch nicht abgeschlossen ist und sich die KI-Regulierung noch im Entstehen befindet bzw. sich der fortlaufenden Entwicklung anpassen muss.

Aktuell sind vor allem **drei Rechtsrahmen** für die Nutzung und Entwicklung von KI in Unternehmen von Bedeutung: Der **AI Act**, die **Datenschutz-Grundverordnung (DSGVO)** und das **Urheberrecht**. Vor dem Einsatz von KI im Unternehmen, sollte die Relevanz der jeweiligen Rechtsrahmen geprüft werden:

Der **EU AI Act (KI-Verordnung)** ist am 1. August 2024 in Kraft getreten und betrifft Anbieter, Händler und Betreiber von KI-Systemen, die in der EU ansässig sind oder KI-System in der EU einsetzen. Er hat das Ziel, Entwicklung, Einsatz und Nutzung von KI-Systemen in der EU und mögliche negative Auswirkungen auf Gesundheit, Umwelt und Gesellschaft zu regeln. Die Mitgliedsstaaten haben zwei Jahre Zeit, die Vorgaben in nationales Recht umzusetzen.

KI-Systeme werden nach dem AI Act in verschiedene Risikokategorien eingeteilt, wobei je nach Risiko spezifische Regeln und Auflagen angewendet werden (siehe Abb. 4.1).

KI-Systeme mit unannehmbarem Risiko sind grundsätzlich verboten. Hierzu zählen z. B. der Einsatz von unterschwelligen, manipulativen oder täuschenden Techniken, biometrische Kategorisierungssysteme, die Rückschlüsse auf Rasse oder politische Meinungen zulassen oder die Erfassung von Emotionen am Arbeitsplatz oder Bildungseinrichtungen.

Aber auch außerhalb von grundsätzlich verbotenen KI-Systemen gibt es Einschränkungen. So müssen KI-Systeme mit hohen Risiken bestimmte Sicherheitsvorschriften erfüllen, bevor sie in der EU auf den Markt gebracht werden.

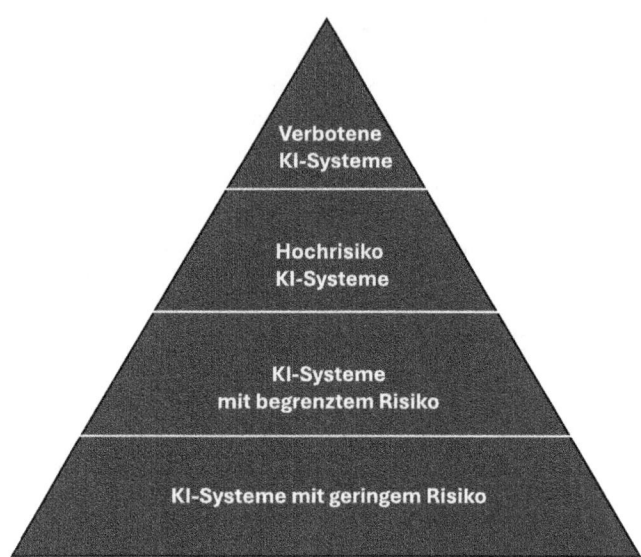

Abb. 4.1 Risikoklassen im AI Act

Anforderungen sind z. B. Qualitäts- und Risikomanagementsysteme, welche eine technische Dokumentation sowie Vorgaben in den Bereichen Datenqualität, Nicht-Diskriminierung, Robustheit und Cybersicherheit umfassen. Hierdurch soll sichergestellt werden, dass die Systeme zuverlässig sicher und transparent arbeiten. Zu den Hochrisiko-KI-Systemen zählen solche, die nach Einschätzung der EU hochriskant sind für die Gesundheit, Sicherheit oder Grundrechte der EU-Bürger, die aber trotz ihrer Risiken einen soziökomischen Nutzen haben. Zu den Hochrisikoanwendungen zählen z. B. solche, die als Sicherheitskomponenten in Produkte einfließen. Aber auch Anwendungen aus bestimmten Anwendungsfällen zählen dazu, wie beispielsweise aus dem Bereich Personalmanagement oder dem Bildungsbereich.

Auch KI-Systeme mit geringem Risiko müssen eine Transparenz- und Informationspflicht erfüllen. Daher muss beispielsweise kenntlich gemacht werden, wenn Inhalte KI-generiert sind oder wann man mit einer KI interagiert. Lediglich Systeme mit minimalem Risiko sind unreguliert. Unternehmen, die solche Systeme einsetzen, wird jedoch nahegelegt, sich einen freiwilligen Verhaltenskodex aufzuerlegen. Für alle Risikoklassen gilt, dass Mitarbeiter entsprechend zu schulen sind, d. h. KI-Kompetenzen aufgebaut werden müssen. (EU, 2024)

4.1 Status-quo-Analyse

> **Tipp**
> Um eine erste Einschätzung zu bekommen, in welche Kategorie ein KI-System fällt, stehen im Netz unterschiedliche **Risk Classifier bzw. Compliance Checker** zur Verfügung. Es ist aber wichtig zu beachten, dass diese keine rechtliche Beratung ersetzen, sondern lediglich eine erste Einschätzung ermöglichen. Ein Beispiel ist der Checker des Unternehmens Trail, der auf Deutsch und Englisch erhältlich ist.
> Zugang zum Risk Classifier bzw. Compliance Checker: (https://tinyurl.com/mteru29a).

Bei der Nutzung von KI kommt es regelmäßig zur Verarbeitung von Daten, weshalb auch die **Datenschutz-Grundverordnung (DSGVO)** wichtig ist. Der Schutz personenbezogener Daten, wie z. B. Namen, Adressen oder Zahlungsinformationen, muss nicht nur bei selbst entwickelten KI-Systemen beachtet werden, sondern auch dann, wenn bestehende und am Markt verfügbare KI-Tools genutzt werden. Vor diesem Hintergrund sollten personenbezogene Daten, aber auch sensible Unternehmensinformationen nicht ohne weitere Prüfung in KI-Anwendungen eingegeben werden.

Das **Urheberrecht** ist im Kontext von KI in dreierlei Hinsicht von Bedeutung (zu den folgenden Ausführungen siehe Müller, 2023; Börsenverein, o. J.):

- Es kann der Fall sein, dass die für KI eingesetzten Daten, d. h. der Trainingsinput, urheberrechtlich geschützt waren, da diese ohne entsprechende Freigabe aus Quellen, wie z. B. dem Internet oder Datenbanken stammen.
- Es stellt sich die Frage, wer Urheber der mittels KI generierten Ergebnisse ist, d. h. die Urheberrechte daran hat. Dabei kann man aktuell davon ausgehen, dass ein Urheberrechtsschutz nur dann vorliegt, wenn ein Mensch einen wesentlichen kreativen Beitrag zum KI-generierten Inhalt geleistet hat, z. B. weil der Output stark bearbeitet und verändert wurde oder komplexe Prompts verwendet wurden.
- Weiterhin muss geklärt werden, ob bei einem Einsatz, d. h. der Veränderung eines Werkes (z. B. Text) in bestehende Urheberrechte eingegriffen wird.

Vor diesem Hintergrund sollten im Fall eines kommerziellen Einsatzes von KI-generierten Inhalten urheberrechtliche Fragen ebenso geprüft werden, wie auch die Frage, ob die Verwendung von KI-generierten Inhalten mit den Lizenzbedingungen des Anbieters des KI-Tools vereinbar ist.

▶ **Praxistipp**

- Bei der Nutzung von KI-Tools sollte beachtet werden, dass die vom Nutzer bereitgestellten Informationen (z. B. Prompts, Dokumente) auch für das Training von KI-Systemen genutzt werden können. Vorsicht gilt insbesondere bei kostenfreien Angeboten. Aus diesem Grund sollten in jedem Fall die Datenschutzrichtlinien der Anbieter geprüft werden und ohne Prüfung keine personenbezogenen Daten, keine Geschäftsgeheimnisse oder durch vertragliche Regelungen geschützte oder sonstige sensible Informationen in die Tools eingegeben werden. Dazu zählen auch urheberrechtlich geschützte Werke, wie z. B. Bücher.
- Übernehmen Sie keine KI-generierte Inhalte, wie z. B. KI-erstellte Logos oder Werbetexte, ohne sorgfältige manuelle Prüfung, insbesondere, wenn diese kommerziell genutzt werden soll. Stellen Sie sicher, dass Ihnen keine Nachteile entstehen, wenn Sie keine Urheberrechte am Ergebnis besitzen und vergleichen Sie, ob generierte Ergebnisse Ähnlichkeit mit denen von Wettbewerbern haben. Ansonsten besteht z. B. die Gefahr einer hohen Ähnlichkeit mit anderen Werken bzw. ggf. einer Urheberrechtsverletzung.
- Soll die Nutzung der eigenen Daten, z. B. auf der Website, für das Training ausgeschlossen werden, dann muss ein maschinenlesbarer Hinweis auf der Website erfolgen, dass Data und Text Mining untersagt wird (z. B. im Impressum). Ein nachträglicher Ausschluss ist nicht möglich.
- Um zu prüfen, inwieweit der AI Act Einfluss auf das eigene Unternehmen hat, können Tools zur (Erst-)Einschätzung der Relevanz eingesetzt werden (z. B. https://chatgpt.com/g/g-UOQ91w DRL-zgkis-eu-ai-act-advisor). Wichtig ist jedoch zu beachten, dass solche Tools keine anwaltliche Beratung ersetzen.

4.1.2 Ethische und gesellschaftliche Herausforderungen

KI stellt die Ethik und die Gesellschaft vor Herausforderungen, weil sie das Potenzial hat, unsere Welt auf tiefgreifende Weise zu verändern. Zugleich werfen die Entwicklung und der Einsatz von KI ethische Fragen auf, die sorgfältig geprüft werden müssen, um sicherzustellen, dass KI-Systeme im Einklang mit unseren Werten und Prinzipien und zum Wohle der Menschen eingesetzt werden.

4.1 Status-quo-Analyse

Zu den wesentlichen Herausforderungen im Einsatz von KI-Systemen gehören Diskriminierungen und Verzerrungen. Dies liegt zum einen an historischen Daten, die Vorurteile widerspiegeln, und zum anderen an Algorithmen, die bestehende Ungleichheiten verstärken können. Ein typisches Beispiel im Unternehmenskontext ist die Geschlechterverzerrung bei Stellenangeboten, bei der Job-Plattformen auf Basis von Trainingsdaten Männern tendenziell höher dotierte Positionen vorschlagen. Solche Verzerrungen treten auch in weniger offensichtlichen Fällen auf, beispielsweise bei Übersetzungstools, die geschlechtsspezifische Begriffe für Berufe verwenden, weil sie den in den historischen Daten enthaltenen Bias übernehmen. Solche Verzerrungen können nicht nur zu falschen Ergebnissen, sondern auch zu Benachteiligungen von Gruppen oder zur Verstärkung von Vorurteilen und Ressentiments führen.

Darüber hinaus bergen die Entwicklung und Nutzung fortschrittlicher KI-Systeme erhebliche wirtschaftliche und gesellschaftliche Risiken. Aufgrund des hohen Bedarfs an Daten, Rechenleistung und Kapital besteht die Gefahr, dass sich die Macht zukünftig noch stärker bei denjenigen Technologieunternehmen konzentriert, die bereits über entsprechende Ressourcen verfügen. Ein Beispiel stellt die Entwicklung von großen Modellen, wie z. B. Sprachmodellen dar. Da die Entwicklung und der Betrieb von LLMs enorme Ressourcen und Expertise erfordern, werden solche Modelle vor allem von Technologiekonzernen wie Meta, Google oder OpenAI entwickelt und bereitgestellt. Da diese Modelle überwiegend mit englischsprachigen Daten trainiert wurden, führt dies nicht nur zu einer besseren Qualität von englischsprachigen Abfragen, d. h. einer Bevorzugung der englischen Sprache, sondern auch der angloamerikanischen Werte, die sich in den Daten abbilden.

Ein aus der Dominanz der Technologiekonzerne resultierendes Problem ist darüber hinaus die verstärkte Abhängigkeit von diesen Unternehmen und die Tatsache, dass ihre dominierende Rolle über Daten, Infrastruktur und Algorithmen und ihre Marktmacht weiter ausgebaut werden kann. Dadurch entsteht die Gefahr, dass diese Konzerne nicht nur die technologischen Standards, sondern auch gesellschaftliche, ökonomische und politische Rahmenbedingungen beeinflussen können, wodurch die Autonomie und Entscheidungsfreiheit anderer Akteure eingeschränkt wird und das Machtungleichgewicht weiter verstärkt wird.

Nicht zu unterschätzen sind darüber hinaus die Auswirkungen von KI auf den Arbeitsmarkt und gesellschaftliche Strukturen sowie die damit einhergehenden Ängste in der Bevölkerung. Aktuelle Studien zeigen, dass bis 2030 rund 30 % der Arbeitsstunden durch Technologien, inklusive Generativer KI automatisiert werden kann. Dies wird 2030 bis zu 3 Mio. Berufswechsel alleine in Deutschland mit sich bringen (McKinsey, 2024). Ein aktuelles Beispiel ist die Nachfrage nach Freelance-Arbeit, welche sich bereits jetzt durch den Einsatz von Generativer KI reduziert hat (DIW Berlin, 2024). Diese Entwicklung unterstreicht nicht nur die Notwendigkeit für Arbeitnehmer, sich kontinuierlich weiterzubilden und anzupassen, sondern macht auch deutlich, dass die Einführung von KI in Unternehmen sorgfältig geplant und begleitet werden muss, damit Ängste vor der Technologie und möglichen gesellschaftlichen Auswirkungen nicht die erfolgreiche Nutzung behindern.

▶ **Praxistipp**

- Um historische Verzerrungen aufzudecken und zu vermeiden, ist die Auswahl und Aufbereitung der Daten essenziell. Divers zusammengestellte Teams können dazu beitragen, Verzerrungen und Diskriminierung vorzubeugen, da diese oftmals sensibler auf Mängel in den Daten achten. Eine solche Vorgehensweise erscheint dabei oftmals nicht nur aus ethischen Gesichtspunkten notwendig, sondern auch wirtschaftlich sinnvoll. Ein Beispiel ist, wenn durch Verzerrungen in den Daten potenzielle Job-Kandidaten oder Kunden aussortiert werden und damit Potenziale verloren gehen (Furkel & Rech, 2024).
- Eine wichtige Maßnahme besteht aber auch darin, die Entscheidung immer beim Menschen zu belassen und das KI-System als Assistenten anzusehen. Dies gilt z. B. auch bei KI-Anwendungen im Personalmanagement, wie z. B. Videointerviews, die zwar aus rechtlicher Sicht legal sind, aber dennoch Missbrauchspotenzial aufweisen (Vogel, 2022; Furkel & Rech, 2024).
- Bei der Auswahl von am Markt verfügbaren KI-Tools sollten nicht nur rechtliche Aspekte (z. B. Lizenzbedingungen, Datenschutz) beachtet werden, sondern auch, ob mit der Wahl eines KI-Tools bzw. -Anbieters ggf. langfristige Verpflichtungen oder Einschränkungen einhergehen, beispielsweise weil ein Anbieterwechsel mit hohen Kosten verbunden ist.

4.1.3 Kulturelle Aspekte einer AI Readiness

Neben der Analyse der Rahmenbedingungen ist eine realistische Einschätzung der Bereitschaft eines Unternehmens für KI entscheidend, um ein tatsächliches Bild über die Fähigkeiten und Potenziale eines Unternehmens für KI zu bekommen und Fehlinvestitionen vorzubeugen sowie Schwachstellen zu identifizieren. Eine objektive Standortbestimmung muss dabei über technische Aspekte wie Datenverfügbarkeit und -infrastruktur hinausgehen. Denn die KI-Transformation erfordert eine grundlegende Reflexion sowie die Abstimmung von Kultur, Prozessen und Leistungserstellung im Unternehmen (Limat, 2022, S. 61). Selbst die besten und innovativsten KI-Lösungen können ihre Wirkung nur dann entfalten, wenn diese von Nutzern angenommen bzw. im Unternehmen akzeptiert werden und das für die Nutzung erforderliche Wissen im Unternehmen vorhanden ist.

Wesentliche Punkte zur Analyse der Bereitschaft umfassen die Einstellungen und Kompetenzen der Mitarbeiter aber auch die kulturelle Basis des Unternehmens. Relevante Fragestellungen sind z. B.:

- Inwieweit unterstützen Führungskräfte und Mitarbeiter die KI-Strategie und treiben die Transformation aktiv voran?
- Verfügen sie über grundlegendes KI-Wissen und verstehen die Herausforderungen und Chancen?
- Welche digitalen und technischen Kompetenzen sind vorhanden, und welche Qualifizierungsmaßnahmen sind erforderlich?
- Gibt es bereits Erfahrungen mit KI bzw. wurden bereits KI-Projekte durchgeführt (auch auf individueller Ebene)? Welche Erfahrungen wurden dabei gesammelt, und welche Lehren können daraus gezogen werden?
- Gibt es Akzeptanzschwierigkeiten oder Ängste, die adressiert werden müssen?
- Herrscht eine Kultur der Offenheit, Innovation und des Experimentierens?
- Ist die Zusammenarbeit zwischen den verschiedenen Bereichen und Teams gegeben?
- Werden Daten als wertvolle Ressource betrachtet und systematisch genutzt?

Zusammenfassend lässt sich sagen, dass eine erfolgreiche KI-Transformation nicht nur von technologischen Faktoren und externen Rahmenbedingungen abhängt, sondern auch von der Bereitschaft des Unternehmens. Dazu gehören die Analyse der Unternehmenskultur, die Bewertung von Einstellungen und Kompetenzen sowie vorhandene Erfahrungen mit KI, um die Transformationsfähigkeit und den Bedarf an Maßnahmen realistisch einzuschätzen.

Denn die Einführung von KI-Systemen beeinflusst nicht nur technologische oder organisatorische Prozesse, sondern auch die Unternehmenskultur. Dabei ist es entscheidend, die Mitarbeiter aktiv in den Veränderungsprozess einzubinden, ihre Ängste und Bedenken ernst zu nehmen und eine Kultur des Vertrauens und der Offenheit zu schaffen.

4.2 Auswahl von Anwendungsfällen

Im Kontext der strategischen Implementierung von KI in Unternehmen nimmt die Definition einer Vision und konkreter Ziele für das Unternehmen eine zentrale Rolle ein. Die Kernfrage, die es hierbei zu adressieren gilt, lautet: In welchen Unternehmensbereichen und in welchen Anwendungsfällen kann der Einsatz von KI den größten Wertbeitrag leisten? Dabei gilt es zu beachten, dass die Selektion von KI-Anwendungen nicht ausschließlich auf Basis von Kosteneinsparungspotenzialen erfolgen oder als Selbstzweck betrachtet werden sollte. Vielmehr erfordert die effektive Nutzung dieser innovativen Technologien eine sorgfältige Bewertung potenzieller Anwendungsfälle und die Entwicklung einer Prioritätenliste.

Zu den relevanten Bewertungskriterien zählen unter anderem die Steigerung der Prozesseffizienz, die Erhöhung des Automatisierungsgrads, die Verbesserung der Qualität einer Aufgabenerfüllung oder die Entlastung von Mitarbeitern von repetitiven Tätigkeiten. Zu beachten ist aber auch, dass die Chancen von KI in der grundlegenden Veränderung von Geschäftsprozessen liegen. Bei der Einführung von KI sollte daher auch darauf geachtet werden, dass nicht nur einzelne Prozessschritte optimiert und Kosten eingespart werden, sondern ggf. auch neue Potenziale im Hinblick auf Geschäftsmodelle betrachtet werden (Korolov, 2022).

Eine fundierte Entscheidungsgrundlage für die strategische Ausrichtung kann beispielsweise auf der Basis von Leitfragen ermittelt werden, welche in verschiedene Prozessschritten anfallen. Im ersten Schritt werden potenzielle Anwendungsfälle identifiziert, die entweder auf strategischen Zielen oder auf vorhandenen Stärken aufbauen. Im nächsten Schritt müssen die potenziellen Anwendungsfälle im Hinblick auf den potenziellen wirtschaftlichen Wert und die Anforderungen in Bezug auf die Umsetzung bewertet werden. Dabei sind auch Aspekte zu identifizieren, welche die Umsetzung erheblich erschweren können. Auf dieser Basis kann dann eine Priorisierung vorgenommen werden, welche Grundlage für eine Umsetzungsstrategie ist. Zu beachten gilt dabei, dass nach der ersten Umsetzung eine Validierung erfolgen sollte und die erzielten Ergebnisse im Verlauf berücksichtigt werden sollten. (Hartmann et al., 2023, S. 20)

4.2 Auswahl von Anwendungsfällen

Entwicklung von Ideen für Anwendungsfälle:

- Inwiefern kann durch den Einsatz künstlicher Intelligenz ein Wert generiert werden, beziehungsweise inwiefern kann ein spezifisches Problem mithilfe von künstlicher Intelligenz gelöst werden? Existieren in Prozessen bestimmte Aufgaben, die ggf. für eine Automatisierung geeignet sind? Verfügt KI über Fähigkeiten (z. B. analytische Fähigkeiten, Steuerung, Generierung von Inhalten), die einen Wertbeitrag erzeugen?
- Wie verhält sich der Wettbewerb? (Hartmann et al., 2023, S. 8) Gibt es Startups, welche Trends oder disruptive Innovationen umsetzen?

Bewertung der Anwendungsfälle:

- Welche Ressourcen (personell, finanziell, Daten) stehen für den Anwendungsfall (in welcher Qualität) zur Verfügung und sind diese ausreichend? Welche (ethischen, rechtlichen, sicherheits- oder gesellschaftlichen) Risiken und Herausforderungen existieren bei der Umsetzung? Sollte das Vorhaben im Alleingang umgesetzt werden oder gemeinsam mit einem Partner (z. B. Dienstleister, Forschungseinrichtung)? Oder gibt es Standardtools, durch die das Problem gelöst werden kann?
- Erfordern die identifizierten Anwendungsfälle ein menschliches Eingreifen? Kann KI in diesen Fällen einen Wertbeitrag leisten? Bietet sich ggf. eine Kombination von menschlicher Arbeit und Automatisierung an?
- Ist der identifizierte Einsatzbereich mit der allgemeinen strategischen Positionierung des Unternehmens vereinbar? Können Ergebnisse aus der Nutzung von KI ggf. auch in anderen Bereichen des Unternehmens genutzt werden oder ist der identifizierte Use Case eine Insellösung?
- Was sind die Auswirkungen der Anwendungen, z. B. auf die Beschäftigten oder die Organisation? Welche technischen Voraussetzungen müssen erfüllt sein? (Stowasser & Neuburger, 2022) Gibt es rechtliche Aspekte zu beachten?
- Wie ist die Bereitschaft der Mitarbeiter die Nutzung des konkreten Anwendungsfalls zu unterstützen? Bedarf es Schulungen oder Weiterbildungsangebote? Wie kann der Einsatz unterstützt werden bzw. wer steht bei Fragen zur Verfügung?
- Können ggf. öffentliche Fördermittel beantragt werden?
- Wenn die Künstliche Intelligenz in bestehende Systeme integriert wird: Welche technischen Anpassungen sind notwendig und führt diese ggf. zu Einbußen in der Qualität? (Bünte & Wecke, 2022, S. 15) Führt der Einsatz von KI-Tools zu einer Abhängigkeit bzw. zu einem Lock-in-Effekt? Diese können entstehen,

wenn ein Wechsel zu alternativen KI-Systemen technisch oder finanziell kaum noch möglich ist, da der Aufwand, z. B. für die Migration von Daten, zu hohe Hürden darstellt.

Priorisierung der möglichen Anwendungsfälle:

- Welche Anwendungsfälle lassen sich relativ leicht implementieren und bieten dennoch einen hohen Nutzen?
- Gibt es Abhängigkeiten zwischen den Anwendungsfällen und lassen sich die Anwendungsfälle clustern?
- Wie ist die Bereitschaft der Mitarbeiter die Nutzung zu unterstützen? Bedarf es Schulungen oder Weiterbildungsangebote? Wie kann der Einsatz unterstützt werden bzw. wer steht bei Fragen zur Verfügung?
- Sind organisatorische Anpassungen zu beachten, z. B. wenn der Einsatz von KI über Abteilungsgrenzen hinweg wirkt? Eine umfassende Prüfung, inwieweit KI andere Bereiche beeinflusst, ist unerlässlich. Hierbei sind vor allem die Schnittstellen zu unterstützenden Funktionen, wie der IT-Abteilung, zu berücksichtigen. Der Einsatz von KI erfordert in der Regel auch eine enge Zusammenarbeit mit diesen Abteilungen.

Grundsätzlich sollte dabei beachtet werden, dass sich erfahrungsgemäß oftmals kleinere Anwendungsfälle für einen erstmaligen Einsatz von KI eignen. Anhand dessen können Erfahrungen gesammelt und Chancen und Grenzen von KI kennengelernt werden. (Murrenhof et al., 2021, S. 18)

Umsetzung der Anwendungsfälle:

- Soll die KI-Anwendung selbst entwickelt werden oder gibt es bereits bestehende Tools, die genutzt werden können? Wenn eine Entwicklung vorangetrieben wird: Soll diese selbst entwickelt oder von einem externen Anbieter bezogen werden? Inwieweit muss eine KI-Lösung an die spezifischen Bedürfnisse im Unternehmen angepasst werden? Welche Kosten entstehen in den unterschiedlichen Fällen und wie lange dauern die Lösungen? Gibt es sicherheitskritische Aspekte, die gegen eine Zusammenarbeit mit externen Partnern oder der Nutzung bestehender Modelle sprechen?
- Welche Partner sind geeignet für eine Zusammenarbeit?
- Welche Kompetenzen und welches Fachwissen müssen bei welchen Zielgruppen aufgebaut werden?

Die Komplexität des Prozesses wird maßgeblich davon beeinflusst, ob ein Unternehmen eigene KI-Lösungen entwickelt oder auf vorhandene Kauflösungen zurückgreift, die implementiert und angepasst werden müssen. Darüber hinaus spielt die bisherige Erfahrung des Unternehmens mit KI eine entscheidende Rolle – von ersten Experimenten bis hin zur systematischen Nutzung von KI zur Optimierung der Organisation. Abhängig davon variieren die Anforderungen an technische Infrastruktur, Daten und Fachwissen erheblich. Auch wenn diese über die oben genannten Fragen nur begrenzt abgebildet werden, können die Leitfragen für komplexe Prozesse zumindest als Orientierung dienen, die im Verlauf an die individuellen Gegebenheiten und den Bedarf angepasst werden.

4.3 Management von KI

Eine erfolgreiche Implementierung von KI umfasst mehr als nur die Identifikation geeigneter Anwendungsfälle und die Beschaffung sowie Implementierung der Technologie. Ebenso wichtig ist das laufende Management der KI-Systeme, um sicherzustellen, dass diese verantwortungsvoll, effektiv und gesetzeskonform genutzt werden.

Ein zentraler Aspekt hierbei ist die KI-Governance. Sie bildet die Grundlage für den verantwortungsvollen Umgang mit KI in einer Organisation und umfasst Strukturen, Verfahren und Richtlinien, die zur Verwaltung und Überwachung von KI-Systemen eingesetzt werden (Kreutzer, 2023). Von Anfang an sollten klare Governance-Strukturen etabliert werden, die Verantwortlichkeiten und Abläufe für alle Phasen des KI-Lebenszyklus definieren – von der Entwicklung über den Betrieb bis hin zur Überwachung. Dabei sollte auch berücksichtigt werden, dass diese aufgrund des schnellen technologischen Wandels, der auch mit neuen rechtlichen Anforderungen und ethisch-gesellschaftlichen Herausforderungen einhergeht, fortlaufend angepasst werden sollten.

Zu beachten ist auch, dass die Einführung von KI ggf. auch organisatorische Anpassungen mit sich bringt. Dies gilt insbesondere, wenn der Einsatz von KI über Abteilungsgrenzen hinweg wirkt. Eine umfassende Prüfung, inwieweit KI andere Bereiche beeinflusst, ist daher unerlässlich. Hierbei sind vor allem auch die Schnittstellen zu unterstützenden Funktionen zu berücksichtigen. Da der Einsatz von KI in der Regel auch eine enge Zusammenarbeit mit anderen Abteilungen, insbesondere auch der IT erfordert, ist dieser Aspekt von hoher Bedeutung.

Aber auch unabhängig davon bedarf es der Entwicklung von Richtlinien im Umgang mit KI, um einer Schatten-KI vorzubeugen und Mitarbeiter im

Umgang mit KI zu unterstützen. Richtlinien sollten regeln, welche Tools im Unternehmenskontext genutzt werden dürfen, ob private Accounts zulässig sind und ob vom Unternehmen finanzierte Accounts zur Verfügung stehen. Zudem muss festgelegt werden, wer als Ansprechpartner dient und wie Entscheidungsstrukturen rund um den KI-Einsatz aussehen. Diese Klarheit ermöglicht schnelle Reaktionen auf auftretende Probleme und sorgt für eine transparente Verantwortungszuweisung.

Die Einführung von KI bringt neue Anforderungen an die Kompetenzen der Mitarbeiter mit sich. Schulungen und Weiterbildungsprogramme sollten sicherstellen, dass alle Mitarbeiter – nicht nur Führungskräfte – die Funktionsweise und Auswirkungen von KI-Systemen verstehen und diese verantwortungsvoll nutzen können (André et al., 2021). Dabei geht es nicht nur um technische Aspekte, sondern auch um das Verständnis der strategischen und ethischen Dimensionen von KI.

> **Praxistipp**
> Damit die Potenziale von KI im laufenden Betrieb bestmöglich genutzt werden und gleichzeitig auch Risiken begrenzt werden können, sollten Regelungen entwickelt und umgesetzt werden, welche u. a. folgende Punkte abdecken:
>
> - Wer sind die Ansprechpartner für Mitarbeiter, z. B. für den technischen Betrieb von KI-Tools, für Anwendungs- und rechtliche Fragen, für Weiterbildungsangebote?
> - Gibt es Regelungen und Richtlinien für den Einsatz von KI-Tools für Mitarbeiter? Gibt es KI-Tools, die zentral bereitgestellt werden, z. B. für die Erstellung von Präsentationen, Übersetzungen, Schreibunterstützung?
> - Welche Tools dürfen unter welchen Voraussetzungen genutzt werden? (z. B. keine Nutzung für personenbezogene Daten oder für Daten, welche lediglich aus unternehmensinternen Dokumenten verfügbar sind?)
> - Gibt es zentrale Weiterbildungsbedarfe, welche dazu beitragen, dass KI im Unternehmen genutzt werden kann? Sollten für spezielle Mitarbeitergruppen oder Führungskräfte spezielle Angebote geschaffen werden?

Fazit: Die Zukunft der Unternehmen mit KI gestalten 5

▶ KI hat begonnen, die Art und Weise, wie Unternehmen ihre Querschnittsfunktionen gestalten und steuern, tiefgreifend zu verändern. In Bereichen wie Personalmanagement, Marketing, Logistik, Rechnungswesen und strategisches Management sind bereits heute signifikante Effizienz- und Innovationspotenziale sichtbar. Doch diese Entwicklungen markieren erst den Anfang eines tiefgreifenden Wandels, der Unternehmen neue Chancen eröffnet – und gleichzeitig verlangt, dass Führungskräfte vorausschauend und verantwortungsvoll handeln.

Die Integration von Künstlicher Intelligenz in betriebliche Prozesse ist längst keine Zukunftsvision mehr, sondern eine zentrale Herausforderung und Chance für Unternehmen aller Branchen. Wie dargestellt, ermöglicht KI auch in den Querschnittsfunktionen erhebliche Effizienzsteigerungen und eröffnet neue Möglichkeiten zur Flexibilisierung und Optimierung von Geschäftsprozessen. Ob in der Personalentwicklung, im Marketing, Finanzwesen, strategischem Management oder in der Logistik – KI-gestützte Lösungen unterstützen Unternehmen dabei, schneller und präziser auf Veränderungen in Märkten und Kundenbedürfnissen zu reagieren. Auch wenn das Thema KI durch Durchbrüche in der generativen KI besonders in den Blickpunkt geraten sind: Am Markt verfügbare KI-Tools greifen auf ein breites Spektrum an Technologien zurück, die aus dem gesamten Spektrum der KI stammen und in der Konsequenz mit ganz unterschiedlichen Potenzialen, aber auch Herausforderungen einhergehen.

Ein entscheidender Vorteil für Unternehmen besteht darin, dass sie nicht zwangsläufig eigene KI-Anwendungen entwickeln müssen, um diese Potenziale zu nutzen. Bereits heute stehen vielfältige, einsatzbereite KI-Tools zur Verfügung, die ohne tiefgehende technische Expertise in bestehende Prozesse integriert werden können. Dennoch ist eine gezielte Steuerung und strategische Begleitung der KI-Nutzung unerlässlich. Denn mit den Vorteilen gehen auch Herausforderungen einher – etwa die Frage nach Datenqualität, Datenschutz, Implementierungskosten, digitaler Autonomie und der Akzeptanz innerhalb der Belegschaft.

Ein vorausschauender und strategischer Umgang mit KI kann nicht nur kurzfristige Effizienzgewinne bringen, sondern auch die Grundlage für eine umfassendere digitale Transformation eines Unternehmens legen. Wer frühzeitig Erfahrungen mit KI sammelt, schafft die besten Voraussetzungen, um innovative KI-Anwendungen auch in den Kernbereichen des Geschäftsmodells einzuführen und langfristige Wettbewerbsvorteile zu sichern.

Besonders für mittelständische Unternehmen stellt die hohe Geschwindigkeit technologischer Entwicklungen eine große Herausforderung dar. Startups erweisen sich oft als Innovationsmotoren und Treiber neuer Technologien. Daher sollten Unternehmen den Austausch mit Innovationsnetzwerken und Gründungsinitiativen suchen, die beispielsweise von Hochschulen koordiniert werden. Diese Netzwerke, die es in fast jeder Stadt mit einer Hochschule gibt, bieten wertvolle Einblicke in neueste Trends und ermöglichen es Unternehmen, frühzeitig innovative Technologien zu identifizieren und zu nutzen.[1]

Zusammenfassend zeigt sich, dass Unternehmen, die heute auf eine durchdachte KI-Strategie setzen, sich nicht nur operativ effizienter aufstellen, sondern auch langfristig ihre Wettbewerbsfähigkeit sichern. Die Fähigkeit, sich an technologische und wirtschaftliche Veränderungen anzupassen, wird zunehmend zur Schlüsselkompetenz erfolgreicher Unternehmen. KI ist dabei kein Selbstzweck, sondern ein Werkzeug, das – richtig eingesetzt – neue Chancen für Wachstum, Innovation und nachhaltigen Erfolg eröffnet.

---

[1] Informationen zu den Gründungsnetzwerken finden sich z. B. über die vom BMWK-finanzierten Exist-Gründernetzwerke. Weitere Informationen finden sich über www.exist.de.

Glossar

Basismodelle Maschinelle Lernmodelle, die mittels Deep Learning auf großen Datensätzen wie Texten, Bildern oder Videos aus Quellen wie dem Internet oder sozialen Medien vortrainiert werden, werden als Basismodelle bezeichnet. Charakteristisch für diese Modelle ist ihre Vielseitigkeit: Sie lassen sich durch Finetuning an spezifische Aufgaben und Domänen anpassen. Diese Modelle umfassen sowohl Sprachmodelle als auch multimodale Ansätze und dienen als Grundlage für zahlreiche Anwendungen der generativen KI, etwa für Chatbots oder Systeme zur Bild- und Videogenerierung. Bekannte Beispiele für Basismodelle sind GPT-4 (OpenAI), Llama (Meta) oder Gemini (Google).

Chatbot Chatbots sind virtuelle Dialogsysteme. Sie finden zunehmend Anwendung im Kundenservice und als Benutzerschnittstellen. Sie ermöglichen die Kommunikation in natürlicher Sprache über Text-Ein- und -Ausgabemasken, wie beispielsweise Chatfenster auf Websites. Mithilfe maschineller Lernmethoden sind Chatbots in der Lage, aus den Eingaben kontinuierlich dazuzulernen. Dies befähigt sie unter anderem dazu, die Stimmung des Gesprächspartners zu erkennen oder personalisierte Antworten zu formulieren.

Deep Learning Deep Learning ist eine Methode des maschinellen Lernens, die auf künstlichen neuronalen Netzen basiert. Diese Netze bestehen aus mehreren Schichten, darunter eine Eingabe- und Ausgabeschicht sowie mindestens einer dazwischenliegenden „versteckten" Schicht. Jede Schicht setzt sich aus zahlreichen künstlichen Neuronen zusammen, die über Verbindungen miteinander interagieren. Neuronen in einer Schicht reagieren auf Signale aus der vorherigen Schicht. In der ersten Schicht werden beispielsweise einfache Muster erkannt, in der zweiten Schicht Muster aus Mustern und so fort. Je größer die Komplexität des Netzes – gemessen an der Anzahl der Schichten, Verbindungen und Neuronen pro Schicht – desto höher ist der Abstraktionsgrad, was die Verarbeitung komplexer Zusammenhänge ermöglicht. Deep Learning wird unter anderem in der Bild-, Sprach- und Objekterkennung sowie im verstärkenden Lernen eingesetzt.

Erklärbare KI/Explainable AI Die erklärbare KI sucht nach Möglichkeiten, die versteckte Logik oder die einzelnen Ausgaben aus KI-Modellen erklärbar zu machen. Dies ist notwendig, da Basismodelle für den Menschen weiterhin nicht nachvollziehbar sind (Black-Box-Modelle).

Expertensystem Ein Expertensystem ist ein Computerprogramm, das Wissen zu einem spezifischen Fachgebiet speichert, erweitert und darauf basierend eigenständig Schlussfolgerungen zieht. Es basiert auf einer formalisierten Wissensbasis, die aus Fakten und Regeln (z. B. Wenn-Dann-Aussagen) besteht und häufig von Experten gepflegt wird. Neben präzisem Wissen kann ein Expertensystem auch heuristisches und unsicheres Wissen verarbeiten, abhängig von der zugrunde liegenden Logik. Ziel ist es, komplexe Probleme automatisch zu lösen oder fundierte Entscheidungen zu unterstützen.

Finetuning Erneutes Trainieren eines vortrainierten KI-Modells mit zusätzlichen Daten, etwa aus einer spezifischen Anwendungsdomäne. Als Ergebnis des Finetunings werden die Gewichte des ursprünglichen Modells aktualisiert und damit die Eigenschaften der Domänendaten und der spezifischen Aufgabe, die von Interesse sind, im Modell berücksichtigt.

Generative KI KI-Systeme, die mit großen Datensätzen und mit großer Rechenleistung trainiert wurden und in der Lage sind, Inhalte, z. B. Text, Programmcode, Videos, Bilder, Proteinstrukturen, Bauteile, zu erzeugen. Die Anwendungsbereiche generativer KI-Systeme sind breit, zu den bekanntesten Systemen zählt das Ende 2022 veröffentlichte Sprachmodell ChatGTP (Open AI) sowie BARD (Google) und LLaMA (Meta).

Hybride KI Hybride KI nutzt sowohl menschliches Wissen als auch Daten, um KI-Systeme zu entwickeln und kombiniert dazu wissensbasierte Herangehensweisen mit datengetriebenen Verfahren des maschinellen Lernens. Hybride KI versucht das Beste aus beiden Herangehensweisen zu vereinen: Neuronale Netze behalten im Idealfall ihre Trainierbarkeit und Effektivität bei teils fehlerhaften Datensätzen bei. Wissensbasierte Komponenten ermöglichen Erklärbarkeit und die einfache Integration von explizitem menschlichem Wissen.

Künstliche Intelligenz KI ist ein Sammelbegriff für verschiedene Technologien, welche es Software ermöglichen, intelligentes Verhalten zu zeigen. Hierzu zählen bspw. Leseverständnis oder Kategorisierung von Bildern. Die konkreten Technologien, die unter dem Begriff KI zusammengefasst werden, haben sich seit dem Aufkommen des Begriffes mehrfach gewandelt. Aktuell versteht man vor allem Ansätze des Maschinellen Lernens und der Künstlichen Neuronalen Netze unter KI. Diese beiden Technologien zeichnen sich dadurch aus, dass sie anhand von Beispieldaten ein gewünschtes Verhalten trainieren. KI ist somit nicht eine einzelne (Schlüssel-)Technologie, sondern ein Bündel an Technologien und Tools, welche sich zum Teil noch in einem frühen Entwicklungsstatus befinden.

Maschinelles Lernen (Machine Learning) Maschinelles Lernen ist eine Methode der Künstlichen Intelligenz, bei der Maschinen ohne feste Programmierung eigenständig Lösungen entwickeln. Mithilfe spezieller Algorithmen lernen sie aus Beispieldaten Modelle, die auch auf neue, unbekannte Daten anwendbar sind. Es gibt drei Hauptansätze: überwachtes Lernen, unüberwachtes Lernen und verstärkendes Lernen.

Multimodale Modelle Multimodale KI-Modelle sind KI-Systeme, die auf Datensätzen mit unterschiedlichen Modalitäten wie Text, Bildern, Ton, Programmcode oder Videos trainiert werden. Durch die Kombination dieser Modalitäten können sie präzisere Ergebnisse erzielen und neue Aufgaben wie Text-zu-Bild- oder Text-zu-Code-Generierung bewältigen.

NLP Verarbeitung natürlicher Sprache (Natural Language Processing, NLP) ist ein Teilgebiet der Informatik und KI, das maschinelles Lernen nutzt, damit Computer die menschliche Sprache verstehen und mit ihr kommunizieren können.

RAG RAG (Retrieval-Augmented Generation") kombiniert zwei wesentliche Ansätze: das Abrufen von relevanten Informationen aus einer Datenbank (Retrieval) und das Generieren von textbasierten Antworten durch KI (Generation). So kann ein auf RAG-basierender Chatbot beispielsweise basierend auf einem Sprachmodell auf spezifische Inhalte einer Datenbank zugreifen, um Fragen zu beantworten.

Schwache KI Systeme, die in einem spezifischen, eng definierten Kontext intelligent agieren und dort sogar menschliche Fähigkeiten übersteigen können. Sämtliche heute verfügbare KI ist als schwache KI zu definieren. Das Gegenmodell ist die starke KI.

Sprachmodelle Sprachmodelle sind KI-Modelle, die mithilfe von maschinellen Lernverfahren auf Textdatensätzen trainiert werden. Sie sagen basierend auf Wahrscheinlichkeiten vorher, welches Wort auf eine gegebene Wortfolge folgt. Moderne Sprachmodelle, auch als große Sprachmodelle (Large Language Models) bezeichnet, verfügen über sehr viele Parameter und wurden auf umfangreichen Textdaten trainiert. Sie können natürliche Sprache verstehen, erzeugen, übersetzen und verarbeiten und werden in vielfältigen Aufgaben eingesetzt – von der Textgenerierung und -zusammenfassung über die Beantwortung von Fragen bis hin zur Programmcode-Erstellung. Wenn sie sich für spezifische Anwendungen anpassen lassen, werden sie auch als Basismodelle oder Foundation Models bezeichnet Zu den bekanntesten Modellen zählen GPT-4, Gemini, Claude oder Mistral.

Starke KI Eine starke KI ist ein derzeit noch hypothetisches KI-System, das mindestens über menschenähnliche Intelligenzleistung in allen Bereichen verfügt, d. h. nicht nur in eng definierten Anwendungsfeldern, wie bei der schwachen KI.

Subsymbolische KI Subsymbolische KI setzt maschinelles Lernen zur Entwicklung intelligenter Verhaltensweisen basierend auf Mustern und statistischer Analyse ein. D. h. die subsymbolische KI nutzt neuronale Netzwerke und andere Techniken des maschinellen Lernens, um die Funktionsweise biologischer Neuronen zu simulieren. Das resultierende System kann lernen und sich an neue Situationen anpassen, ohne explizit programmiert zu werden.

Symbolische KI Symbolische KI beinhaltet die Verwendung von formaler Logik und Regeln zur Repräsentation von Wissen und zur Entscheidungsfindung. Das macht sie geeignet für Expertensysteme und Anwendungen, die auf logischem Denken basieren.

Literatur

Ahlers, M., & Nieswandt, J. (2024). Roboterführung mit KI. https://www.mm-logistik.vogel.de/roboterfuehrung-mit-ki-a-d7dac324f97728a4bfd468942c8696c1. Zugegriffen: 28. Aug. 2024.
André, E.; Bauer, W. et al. (2021). Kompetenzentwicklung für Künstliche Intelligenz – Veränderungen, Bedarfe und Handlungsoptionen. Whitepaper aus der Plattform Lernende Systeme, München. Download unter https://www.plattform-lernendesysteme.de/files/Downloads/Publikationen/AG2_WP_Kompetenzentwicklung_KI.pdf. Barney.
AWS (o.J.a). Amazon Q. https://aws.amazon.com/de/q/. Zugegriffen: 2. Nov. 2024.
AWS (o.J.b). Was ist der Unterschied zwischen Datenwissenschaft und künstlicher Intelligenz? https://aws.amazon.com/de/compare/the-difference-between-data-science-and-ai/. Zugegriffen: 14. Juli 2024.
AWS (o.J.c). Was ist Retrieval-Augmented Generation (RAG)? https://aws.amazon.com/de/what-is/retrieval-augmented-generation/. Zugegriffen: 3. Nov. 2024.
AWS (o.J.d). Was sind Basismodelle? https://aws.amazon.com/de/what-is/foundation-models/. Zugegriffen: 15. Juli 2024.
Barney, J. B. (2011). Gaining and sustaining competitive advantage. 4th ed. Upper Saddle River, NJ: Pearson.
Behringer, S. (2021). Controlling. Springer Gabler.
Bilstein, M. (2024). KI in der Lieferkette Fünf Prinzipien, um KI in der Lieferkette richtig einzusetzen. https://dispo.cc/lieferkette/fuenf-prinzipien-um-ki-in-der-lieferkette-richtig-einzusetzen/. Zugegriffen: 2. Juli 2024.
Bitkom (2023). Deutsche Wirtschaft drückt bei Künstlicher Intelligenz aufs Tempo. Beitrag vom 14. September 2023. https://www.bitkom.org/Presse/Presseinformation/Deutsche-Wirtschaft-drueckt-bei-Kuenstlicher-Intelligenz-aufs-Tempo. Zugegriffen: 19. Mai 2024.
Bitkom (2024). Deutsche Unternehmen zögern bei ChatGPT & Co. Beitrag vom 28. Februar 2024. https://www.bitkom.org/Presse/Presseinformation/Deutsche-Unternehmen-zoegern-bei-ChatGPT-Co. Zugegriffen: 19. Mai 2024.
Börsenverein (o.J.). Künstliche Intelligenz. Blogbeitrag. https://www.boersenverein.de/beratung-service/recht/kuenstliche-intelligenz/. Zugegriffen: 21. Juni 2024.
Bünte, C., & Wecke, B. (2022). Künstliche Intelligenz – die Zukunft des Marketings: Ein praktischer Leitfaden für Marketing-ManagerInnen. Springer Fachmedien (essentials).

BusinessPunk (2024). Die Zukunft des Recruitings: Wie Unilever durch KI die Mitarbeitersuche revolutioniert. Beitrag vom 16. Mai 2024. https://www.business-punk.com/2024/05/die-zukunft-des-recruitings-wie-unilever-durch-ki-die-mitarbeitersuche-revolutioniert/2/. Zugegriffen: 23. Mai 2024.

Buxmann, P., & Schmidt, H. (2021). Grundlagen der Künstlichen Intelligenz und des Maschinellen Lernens. In P. Buxmann & H. Schmidt (Hrsg.), Künstliche Intelligenz (S. 3–25). Springer.

Campaigns of the world (2022). Heinz A.I. Ketchup. https://campaignsoftheworld.com/digital/heinz-a-i-ketchup/. Zugegriffen: 21. Juni 2024.

Capgemini (2023). Katalysator für Kreativität und Innovation: Fast 60 Prozent der Unternehmen setzen generative KI im Marketing ein. https://www.capgemini.com/de-de/news/pressemitteilung/studie-generative-ai-in-marketing/. Zugegriffen: 11. Dez. 2023.

Celonis (2024). Celonis AgentC: KI-Agenten mit Prozessintelligenz optimal nutzen. Beitrag vom 23. Oktober 2024. https://www.celonis.com/de/press/celonis-agentc-making-ai-agents-work-for-the-enterprise-with-process-intelligence. Zugegriffen: 2. Nov. 2024.

Dell'Acqua, F. et al. (2023). Navigating the Jagged Technological Frontier: Field Experimental Evidence of the Effects of AI on Knowledge Worker Productivity and Quality. Harvard Business School Technology & Operations Mgt. Unit Working Paper No. 24-013, The Wharton School Research Paper, Available at SSRN: https://ssrn.com/abstract=4573321

Deloitte (2023). KI-Studie: Über 60 Prozent nutzen Künstliche Intelligenz bei der Arbeit – fast die Hälfte der Angestellten fürchten sich vor Jobverlust Download unter https://www.deloitte.com/ch/de/about/press-room/ai-study-almost-half-of-all-employees-are-worried-about-losing-their-jobs.html.

Deutsche Welle (2023). OpenAI-Entwickler warnten vor KI-Gefahren. Beitrag vom 23. November 2023. https://www.dw.com/de/openai-entwickler-warnten-vor-altmans-rauswurf-vor-ki-gefahren/a-67528156. Zugegriffen: 18. Juli 2024.

DIW Berlin (2024). Generative Künstliche Intelligenz reduziert Nachfrage nach Freelance-Arbeit. Pressemitteilung vom 28. August 2024. https://www.diw.de/de/diw_01.c.912293.de/generative_kuenstliche_intelligenz_reduziert_nachfrage_nach_freelance-arbeit.html. Zugegriffen: 4. Okt. 2024.

EU (2024) VERORDNUNG (EU): 2024/1689 des europäischen Parlaments und des Rates vom 13. Juni 2024 zur Festlegung harmonisierter Vorschriften für künstliche Intelligenz und zur Änderung der Verordnungen (EG) Nr. 300/2008, (EU) Nr. 167/2013, (EU) Nr. 168/2013, (EU) 2018/858, (EU) 2018/1139 und (EU) 2019/2144 sowie der Richtlinien 2014/90/EU, (EU) 2016/797 und (EU) 2020/1828 (Verordnung über künstliche Intelligenz). https://eur-lex.europa.eu/legal-content/DE/TXT/HTML/?uri=OJ:L_202401689. Zugegriffen: 7. Nov. 2024.

Furkel, D., & Rech, G. (2024): KI-Werkzeuge für das Recruiting. Beitrag vom 12. März 2024 auf haufe.de. https://www.haufe.de/personal/hr-management/ki-werkzeuge-fuer-das-recruiting_80_617482.html. Zugegriffen: 11. Mai 2024.

Gentsch, P. (2019). Künstliche Intelligenz für Sales, Marketing und Service. Mit AI und Bots zu einem Algorithmic Business – Konzepte und Best Practices. 2. Auflage; Springer.

Grünbichler, R., Sitter, A., & Fenzl, T. (2023). Den Weg für KI im Controlling ebnen. Controlling & Management Review, 67(5), 52–57.

Literatur

Hartmann, P., Modic, D., & Klausing, S. (2023): Elements of a comprehensive AI Strategy. Whitepaper von AppliedAI. https://www.appliedai.de/assets/files/StrategyWP_Fina lDigital02.pdf. Zugegriffen: 8. Okt. 2024.

Headecke, E. et al. (2023). KI-Anwendungen systematisch prüfen und absichern. Prüfwerkzeuge und Prüfplattform zur Gestaltung vertrauenswürdiger Künstlicher Intelligenz. Whitepaper des Fraunhofer IAIS. https://www.zertifizierte-ki.de/wp-content/uploads/ 2023/06/Fraunhofer_IAIS_Whitepaper_KI-Prueftools.pdf. Zugegriffen: 6. Mai 2024.

Heinecke, A. (2024). Persönliche Kommunikation per Slack zwischen Andreas Heinecke (HeyLara) und Annette Miller am 18.12.2024.

Hmyzo, E., & Muzzu, A. (2020). Technologie im Rechnungswesen – Wenn die Maschine besser und schneller bucht. In Moderner Rechnungswesenunterricht 2020 – Status quo und Entwicklungen aus wissenschaftlicher und praktischer Perspektive (S. 99–113). Springer. https://doi.org/10.1007/978-3-658-31146-9_6

Hoos, H., & Kersting, K. (2020). Die dritte Welle der Künstlichen Intelligenz. Frankfurter Allgemeine Zeitung, 14.12.2020, Nr. 291 (S. 20).

IBM (2024). Basismodelle: Chancen, Risiken und Entschärfungen. https://www.ibm.com/ downloads/cas/VMXNRX9O. Zugegriffen: 15. Juli 2024.

ifo (2024). Mehr Unternehmen nutzen Künstliche Intelligenz. https://www.ifo.de/fakten/ 2024-07-18/mehr-unternehmen-nutzen-kuenstliche-intelligenz. Zugegriffen: 24. Juli 2024.

Imcke, P. (2024). Was kommt nach ChatGPT? Die Zukunft der KI ist Spezialisierung. Business Punk vom 18. Juni 2024. https://www.business-punk.com/2024/06/was-kommtnach-chatgpt-die-zukunft-der-ki-ist-spezialisierung/. Zugegriffen: 19. Juni 2024.

Kaiser, E. (2024). Persönliche Kommunikation per Mail zwischen Erik Kaiser (Summetix) und Annette Miller am 23.6.2024.

Kaplan, J. (2017). Künstliche Intelligenz – Eine Einführung. mitp Verlags GmbH & Co. KG.

Keese, C., & Waltle, L. (2024). KI-Training: Wie Getty Images und Adobe die Rechtsunsicherheit zu ihrem Vorteil nutzen. The Pioneer vom 25. Januar 2024. https://www.thepio neer.de/originals/tech-briefing/briefings/ki-training-wie-getty-images-und-adobe-die-rec htsunsicherheit-zu-ihrem. Zugegriffen: 21. Juni 2024.

Kelbert, P., Siebert, J., & Jöckel, L. (2023). Was sind Large Language Models? Und was ist bei der Nutzung von KI-Sprachmodellen zu beachten? https://www.iese.fraunhofer.de/ blog/large-language-models-ki-sprachmodelle/. Zugegriffen: 10. Oktober 2024.

Kersting, K., Peters, J., & Rothkopf, C. (2019): Was ist eine Professur fuer Kuenstliche Intelligenz? arXiv. http://arxiv.org/abs/1903.09516. Zugegriffen: 23. Mai 2024.

Klüwer, T. et al. (2023). KI-Startups und Wissenschaft. Spotlight. KI-Bundesverband.

Korolov, M. (2022). 10 Trends für Ihre KI-Strategie. Beitrag am 7. September 20222 auf CIO. https://www.cio.de/a/10-trends-fuer-ihre-ki-strategie,3680452. Zugegriffen: 6. Mai 2024.

Kreutzer, R.T. (2023). Künstliche Intelligenz verstehen: Grundlagen – Use-Cases – unternehmenseigene KI-Journey. Springer Fachmedien.

Kümmerlen, R. (2024). Irgendwas mit KI geht immer. https://www.dvz.de/technologie/det ail/news/irgendwas-mit-ki-geht-immer.html. Zugegriffen: 10. Juli 2024.

Kunkel, B. (2025). Persönliche Kommunikation per Mail zwischen Bernd Kunkel (Agorate) und Annette Miller am 19.2.205.

Liebermeister, B. (2024). KI-Einsatz: Führungskräfte vermissen Gesamtkonzept und Unterstützung. Beitrag vom 11. Juni 2024 auf it-daily.de. https://www.it-daily.net/it-management/ki/ki-einsatz-fuehrungskraefte-vermissen-gesamtkonzept-und-unterstuetzung. Zugegriffen: 21. Juni 2024.

Limat, C. (2022). Disruptionspotenzial künstlicher Intelligenz: Ein Reifegradmodell zur Einführung ganzheitlicher KI-Initiativen in Unternehmen. Wirtschaftsinformatik & Management, 14(1), 60–67.

Löser, A., Tresp, V. et al. (2023) Große Sprachmodelle entwickeln und anwenden. Whitepaper der Plattform lernende Systeme. https://www.plattform-lernende-systeme.de/files/Downloads/Publikationen/AG1_WP_Grosse_Sprachmodelle_Anwendungen.pdf.

Lobo, S. (2025) KI-Agenten sind das nächste große Ding – nur wer profitiert davon? In Der Spiegel, 12.2.2025. Download am 12.3.2025 unter https://www.spiegel.de/netzwelt/netzpolitik/kuenstliche-intelligenz-ki-agenten-sind-das-naechste-grosse-ding-nur-wo-a-12034439-b2fd-4936-8076-81d1dd18db8f.

Lundborg, M. et al. (2023). Künstliche Intelligenz im Mittelstand. Mit welchen Anwendungen sind kleine und mittlere Unternehmen heute schon erfolgreich? Begleitforschung Mittelstand-Digital (Hrsg.). https://www.mittelstand-digital.de/MD/Redaktion/DE/Publikationen/ki-Studie-2023.pdf?__blob=publicationFile&v=4.

Macharzina, K., & Wolf, J. (2023). Unternehmensführung. Das internationale Managementwissen Konzepte – Methoden – Praxis, Springer.

Mahlendorf, M. (2024). Was kann ChatGPT4 im Bereich Finance&Controlling und was (noch) nicht? Beitrag vom 7. März 2024 auf haufe.de. https://www.haufe.de/controlling/controllerpraxis/chatgpt4-im-bereich-finance-controlling_112_617660.html. Zugegriffen: 4. Nov. 2024.

Marconomy (2024). 8 von 10 deutschen Unternehmen setzen KI im Marketing ein. Beitrag vom 11. März 2024. https://www.marconomy.de/8-von-10-unternehmen-deutschen-unternehmen-setzen-ki-im-marketing-ein-a-105424eb3af8e24a6b04de83377b457c/. Zugegriffen: 25. Juni 2024.

Maslej, N. et al. (2024) 'Artificial Intelligence Index Report 2024'. arXiv. http://arxiv.org/abs/2405.19522. Zugegriffen: 15. Juli 2024.

McKinsey (2024). KI beschleunigt Umbrüche am Arbeitsmarkt: Produktivitätsschub von 3% möglich. Beitrag vom 23. Mai 2024. https://www.mckinsey.de/news/presse/2024-05-23-mgi-genai-future-of-work. Zugegriffen: 4. Okt. 2024.

McKinsey Global Institute (2024). A new future of work: The race to deploy AI and raise skills in Europe and beyond. Report Mai 2024. https://www.mckinsey.de/~/media/mckinsey/locations/europe%20and%20middle%20east/deutschland/news/presse/2024/2024%20-%2005%20-%2023%20mgi%20genai%20future%20of%20work/mgi%20report_a-new-future-of-work-the-race-to-deploy-ai.pdf.

Melnikov, H. (2024) 'Wirtschaft im Wandel: Zukunftssichere Lieferketten durch KI. https://www.inpactmedia.com/wirtschaft/handel-logistik-07-24/fairen-und-freien-wettbewerb-im-handel-staerken. Zugegriffen: 18. Juli 2024.

Mittelstand-Digital Zentrum Ruhr-OWL (o.J.). Künstliche Intelligenz: Transportbehälterdaten in Echtzeit durch KI-Bilddatenverarbeitung. Mühlhoff Umformtechnik entwickelt eine neue Lagerverwaltung für Transportbehälter'. https://mittelstand-digital-ruhr-owl.de/muehlhoff-umformtechnik-entwickelt-eine-neue-lagerverwaltung-fuer-transportbehaelter/. Zugegriffen: 12. Juli 2024.

Möller, K., & Illich-Edlinger, S. (2018). IGC Controlling-Prozessmodell 2.0. CON, 30, 55–58. https://doi.org/10.15358/0935-0381-2018-2-55.

Müller, P. (2023). The future is now: Künstliche Intelligenz und das Urheberrecht. Blogbeitrag vom 2. März 2023 auf haufe.de. https://www.haufe.de/recht/weitere-rechtsgebiete/kuenstliche-intelligenz-und-das-urheberrecht_216_588912.html. Zugegriffen: 26. Mai 2024.

Murrenhof, A., Friedrich, M., & Witthaut, M. (2021). Künstliche Intelligenz in der Logistik. Whitepaper Fraunhofer IML. https://doi.org/10.24406/iml-n-636455.

Odonkor, B. et al. (2024). The impact of AI on accounting practices: A review: Exploring how artificial intelligence is transforming traditional accounting methods and financial reporting. World Journal of Advanced Research and Reviews, 21(1), 172–188. https://doi.org/10.30574/wjarr.2024.21.1.2721.

Oehler, K. (2023) 'KI im Berichtswesen – Zwischen Wunsch und Wirklichkeit', Controlling & Management Review, 67(5), 8–15. https://doi.org/10.1007/s12176-023-1075-3.

Paefgen-Laß, M. (2024). In Sachen KI agieren Unternehmen ins Blaue. Blogpost. Download am 14.2.2025 unter https://www.springerprofessional.de/innovationsmanagement/in-sachen-ki-agieren-unternehmen-ins-blaue/26794126

Peitzmeier, J.D. (2024). KI in der Logistik – Mit Computervision und Machine Learning zu mehr Prozesssicherheit. Präsentation vom 10. April 2024. https://publica-rest.fraunhofer.de/server/api/core/bitstreams/658dfe84-e8c0-4bb0-a35b-0f0a7a8becf0/content. Zugegriffen: 11. Juli 2024.

Petereit, D. (2023). ChatGPT: So viel Geld muss OpenAI täglich in den Betrieb des Chatbots stecken. t3n vom 26. April 2023. https://t3n.de/news/openai-taeglice-kosten-betrieb-chatgpt-chatbot-1548533/. Zugegriffen: 15. Juli 2024.

Pieper, J. (2023). Künstliche Intelligenz im Marketing: Ein anwendungsorientierter Überblick. In C. Lucas & G. Schuster (Hrsg.), Innovatives und digitales Marketing in der Praxis (S. 221–232). Springer Fachmedien.

Plattform Lernende Systeme (2023). Hybride KI. Wissen und Daten kombiniert nutzen. Whitepaper. https://www.plattform-lernende-systeme.de/files/Downloads/Publikationen/KI_Kompakt/PLS_KI_Kompakt_Hybride_KI.pdf. Zugegriffen: 25. Sept. 2024.

Plattform Lernende Systeme (o.J.a). Glossar. https://www.plattform-lernende-systeme.de/glossar.html. Zugegriffen: 14. Juli 2024.

Plattform Lernende Systeme (o.J.b). So funktioniert generative KI. https://www.plattform-lernende-systeme.de/so-funktioniert-generative-ki.html. Zugegriffen: 15. Juli 2024.

Plickert, P. (2023). Elon Musk: KI ist „eine der größten Bedrohungen" für die Menschheit. In FAZ vom 2.11.2023. Download unter https://www.faz.net/aktuell/wirtschaft/kuenstliche-intelligenz/elon-musk-warnt-vor-ki-bedrohung-und-sieht-dringliche-gefahr-19286238.html

Porter, M. (2001). Strategy and the internet. In Harvard Business Review, S. 60–78.

Post, T. (2022). AI in Costumer Service. Blogbeitrag vom 3. Juni 2022. https://medium.com/appliedai-de/ai-in-customer-service-e765ab577f1a. Zugegriffen: 18. Juni 2024.

Retresco (Hrsg.) (o.J.). Unleashing the Power of AI for your Business. https://www.retresco.de. Zugegriffen: 28. Juni 2024.

Rossberger, R. (2019). Digitale Transformation: Kultur, Strategie und Technologie. In R.A. Fürst (Hrsg.), Gestaltung und Management der digitalen Transformation (S. 19–36). Springer Fachmedien.

Rückert, M. (2021). Künstliche Intelligenz: Neue Möglichkeiten für das Rechnungswesen. Blogbeitrag vom 24. August 2021. https://digitalzentrum-berlin.de/kuenstliche-intelligenz-fuer-das-rechnungswesen.

Salesforce (o.J.). Künstliche Intelligenz von Salesforce. https://www.salesforce.com/de/artificial-intelligence/. Zugegriffen: 19. Juli 2024.

SAP (o.J.a). Help Portal (Documentation): Smart Insights. https://help.sap.com/docs/SAP_ANALYTICS_CLOUD/00f68c2e08b941f081002fd3691d86a7/c9eb30cc1e5b4c439cb871bf9612d2ac.html. Zugegriffen: 18. Juli 2024.

SAP (o.J.b). Just Ask. https://www.sap.com/assetdetail/2023/09/7ed3bf68-897e-0010-bca6-c68f7e60039b.html. Zugegriffen: 18 Juli 2024.

Scheuer, S. (2024). Schatten-KI: Sieben von zehn Arbeitnehmern nutzen KI-Werkzeuge ohne Freigabe ihrer Firma. Handelsblatt 9. Mai 2024. https://www.handelsblatt.com/technik/ki/schatten-ki-sieben-von-zehn-arbeitnehmern-nutzen-ki-werkzeuge-ohne-freigabe-ihrer-firma/100037174.html. Zugegriffen: 19. Mai 2024.

Schuh, G., Hering, N. & Brunner, A. (2013a). Einführung in das Logistikmanagement. In G. Schuh & V. Stich (Hrsg.), Logistikmanagement: Handbuch Produktion und Management 6 (S. 1–33). VDI-Buch.

Schuh, G., Stich, V., Helmig, J. (2013b). Konzepte des Supply-Chain-Managements. In G. Schuh & V. Stich (Hrsg.), Logistikmanagement: Handbuch Produktion und Management 6 (S. 209 –255). VDI-Buch.

Schulte, C. (2016). Logistik. Wege zur Optimierung der Supply Chain. (7. Aufl.). Vahlen.

Sommerhäuser, L. (2024). KI wird als Allzwecktechnologie gesehen. https://www.springerprofessional.de/kuenstliche-intelligenz/lieferkettenmanagement/-ki-wird-als-allzwecktechnologie-gesehen-/27093666. Zugegriffen: 14. Febr. 2025.

Stankov, K. (2024). Persönliche Kommunikation per Mail zwischen Kay Stankov (Ainovate) und Annette Miller am 18.12.2024.

Statista Market Insights (2024). Künstliche Intelligenz – weltweit. https://de.statista.com/outlook/tmo/kuenstliche-intelligenz/weltweit#marktgroesse. Zugegriffen: 23. Mai 2024.

Stefanski, A., & Vogel, I. (2025). Autonome KI-Agenten für das Incident-Management. In IT-Sicherheit (1/2025), (S. 10–15).

Stowasser, S., & Neuburger, R. (2022). Führung im Wandel: Herausforderungen und Chancen durch KI. Whitepaper der Plattform lernende Systeme. https://doi.org/10.48669/PLS_2022-4.

Tableau (2024). DataFam Roundup: October 28 – November 1, 2024'. https://www.tableau.com/de-de/blog/datafam-roundup-october-28-november-1-2024. Zugegriffen: 2. November 2024.

Tasheva, Z., & Karpovich, V. (2024). Transformation of recruitment process through implementation of AI solution. Journal of Management and Economics, 4(02), 12–17. https://doi.org/10.55640/jme-04-02-03.

Trapp, R. (2012). Konvergenz des Rechnungswesens. Eine Inhaltsanalyse der Diskussion um eine Annäherung des internen und externen Rechnungswesens in deutschsprachigen Fachzeitschriften. Wiesbaden: Gabler

The Nobel Prize (2024a). Press Release: The Nobel Prize in Chemistry 2024. Pressemeldung vom 9. Oktober. https://www.nobelprize.org/prizes/chemistry/2024/press-release/. Zugegriffen: 9. Okt. 2024.

Literatur

The Nobel Prize (2024b). Press Release: The Nobel Prize in Physics 2024. Pressemeldung vom 8.10.2024. https://www.nobelprize.org/prizes/physics/2024/press-release/. Zugegriffen: 9. Okt. 2024.

Tillmann, J. (2024). Künstliche Intelligenz: Anwendungsbereiche im Mittelstand. https://academy.nawida.de/magazin/kuenstliche-intelligenz-anwendungsbereiche. Zugegriffen: 5. Mai 2024.

Vogel, M. (2022). Personaleinsatzplanung: Mit KI zum optimalen Schichtplan. https://www.automotiveit.eu/strategy/mit-ki-zum-optimalen-schichtplan-906.html. Zugegriffen: 11. Mai 2024.

Wagener, A. (2023). Künstliche Intelligenz im Marketing: Was sich hinter KI verbirgt und wie das Marketing von ihr profitieren kann. Haufe.

Weber, J. (2020). Grundlagen des Rechnungswesens Springer

Welge, M.K., Al-Laham, A., & Eulerich, M. (2017). Strategisches Management: Grundlagen – Prozess – Implementierung. Springer Fachmedien.

Wingcopter (o.J.). Newsroom. https://wingcopter.com/newsroom. Zugegriffen: 4.Nov. 2024.

Wischmann, S. (2024). Mit KI die Lieferkette stabilisieren. Beitrag vom 22. April 2024. https://www.protector.de/mit-ki-die-lieferkette-stabilisieren. Zugegriffen: 11. Juli 2024.

Stichwortverzeichnis

A
AI Act, 65
Allzweck-KI, 18
Analyse, strategische, 58
Ansprechpartner, 76
Artificial General Intelligence (AGI), 17
Augmented Writing, 26

B
Basismodell, 11
Bias, 69
Black Box, 12
Buchhaltung, 47

C
Chatbot, 37
Computer Vision, 42

D
Data Science, 11
Datenschutz-Grundverordnung (DSGVO), 67
Deep Learning, 6, 7
Depalettierung, 45
Diskriminierung, 69
Distributionspolitik, 33

E
Entscheidung, strategische, 61
Expertensysteme, 9

F
Finanzbuchhaltung, 47
Foundational Model, 11

G
General Purpose AI, 18
General-Purpose-Technologie, 10, 18
Gesamtstrategie, 55
Geschäftsfeld, 57
Geschäftsprozesse, 60
Grundlagenmodell, 11

H
Halluzinieren, 16, 19

K
KI . *siehe* Künstliche Intelligenz
Kommunikationspolitik, 34
Kontrolle, strategische, 59
Kundenservice, 37
Künstliche Intelligenz (KI), 6
  Agenten, 19
  Multiagentensysteme, 19

allgemeine, 17
Allzweck-KI, 18
Ethik, 68
generative, Marktpotenzial, 14
Governance, 75
hybride Systeme, 10
KI-Modell, 13
KI-Systeme, 20
KI-Tool
    Contenterstellung, 36
    Preisoptimierung, 33
    Recruiting, 28
    Sentimentsanalyse, 32
    Strategie, 60
    Vertrieb, 33
monomodale Sprachmodelle, 14
multimodale Sprachmodelle, 14
Richtlinien, 75
Strategie, 64
subsymbolische, 9
symbolische, 9
Verordnung, 65

L
Lagerhaltung, 44
Lagerverwaltung, 44
Lernen
    maschinelles, 6
    überwachtes, 7
    unüberwachtes, 7
    verstärkendes, 7
Logistik, 39

M
Makroebene, 58
Market-based view, 54
Marketing, 29
Marktforschung, 37

N
Netze, künstliche neuronale, 6

O
Onboarding, 27

P
Personalauswahl, 26
Personalbedarfsplanung, 25
Personalcontrolling, 28
Personalentwicklung, 27
Personalmanagement, 24
Personalmarketing, 26
Planung, strategische, 58
Preispolitik, 33
Produktentwicklung, 32
Produktpolitik, 31

Q
Qualitätskontrolle, 42

R
Rechnungswesen, 47
Ressource-based view, 54
Retrieval Augmented Generation (RAG), 18

S
Schadenserkennung, 42
Schatten-KI, 64
Sentiment-Analyse, 31
Social Listening, 31
Sprachmodell
    monomodales, 14
    multimodales, 14
Strategieimplementierung, 59
System
    regelbasiertes, 9
    wissensbasiertes, 9
Szenarioanalyse, 61

U
Unternehmensstrategie, 55
    Branche, 57
Urheberrecht, 67

GPSR Compliance

The European Union's (EU) General Product Safety Regulation (GPSR) is a set of rules that requires consumer products to be safe and our obligations to ensure this.

If you have any concerns about our products, you can contact us on ProductSafety@springernature.com

In case Publisher is established outside the EU, the EU authorized representative is:

Springer Nature Customer Service Center GmbH
Europaplatz 3
69115 Heidelberg, Germany

Batch number: 08977774

Printed by Printforce, the Netherlands